しばしば
시바시바
공부하는
일본어

저자 쿠리코, 김경식

KB108273

PAGODA Books

시바시바
공부하는
일본어

초판 1쇄 인쇄 2024년 4월 1일
초판 1쇄 발행 2024년 4월 5일
초판 3쇄 발행 2024년 5월 20일

지 은 이 | 쿠리코, 김경식
펴 낸 이 | 박경실
펴 낸 곳 | **PAGODA Books** 파고다북스
출판등록 | 2005년 5월 27일 제 300-2005-90호
주   소 | 06614 서울특별시 서초구 강남대로 419, 19층(서초동, 파고다타워)
전   화 | (02) 6940-4070
팩   스 | (02) 536-0660
홈페이지 | www.pagodabook.com

저작권자 | ⓒ 2024 쿠리코, 김경식

ISBN 978-89-6281-916-8 (13730)

파고다북스	www.pagodabook.com
파고다 어학원	www.pagoda21.com
파고다 인강	www.pagodastar.com
테스트 클리닉	www.testclinic.com

Ⅰ 낙장 및 파본은 구매처에서 교환해 드립니다.

KU "삼겹살이면 자다가도 벌떡 일어나요." 제가 한국어를 모를 때 우연히 한국어책을 보고 외운 말이에요. 문장의 뜻을 알고는 '대체 이런 말을 언제 써!?' 하며 비웃었지만, 어눌한 말투로 경식 군에게 사용하자 엄청 웃으며 저를 귀여워해 줬고, 그런 반응을 보며 한국어 공부에 의욕이 생기기 시작했습니다.

언어 학습을 할 때 필요한 것은 당연히 기초적인 단어와 표현을 차근차근 배워가는 것이에요. 하지만 그런 딱딱한 공부에 지친 사람, 일본어로 한마디라도 외워서 말해보고 싶은 사람, 기본적인 일본어는 알지만 재미있는 말을 하고 싶은 사람… 이런 사람들을 위해 만든 책이 「시바시바 공부하는 일본어」예요.

한국어와 마찬가지로 일본어도 유행어가 생기거나, 조사를 생략하는 등 날마다 변화하고 있어요. 이 책은 '대체 이런 말을 언제 써!?'라고 할 만한 표현도 많지만, 일본인인 제가 일본 현지의 살아있는 일본어를 넣어서 최대한 도움이 될 수 있도록 만들었어요. 열심히 공부해서 모두 머리가 경식 군처럼 커지길~ 炎炎炎

저자 쿠리코

KI 축하합니다. 이 책을 펼친 여러분은 이제 일본어를 재미있게 말하는 초절정 인기 외국인이 되셨습니다.

지금까지 저는 일본어 공부를 하려고 일본어책 4~5권 정도 샀는데, 사실 다 10페이지쯤에서 내려놨어요. 교육적인 내용만 있어서 그런지 재미가 없었고, 일본인인 쿠리코와 대화할 때 그런 교육적인 표현을 사용할 일이 없었기 때문이죠. 그러고 보니 딱딱한 일본어책들은 수두룩한데, 제가 원하는 재미있고 실용적인 일본어를 알려주는 책이 없었어요.

저희가 이 책을 만들며 가장 중요하게 생각한 부분은 재미와 실용성이에요. 일본어를 모르는 우리 엄마 아빠도 읽을 수 있도록, 나처럼 일본어를 하나도 모르고 일본인과 연애를 시작한 사람에게 도움이 될 수 있도록 열심히 만들었습니다. (서로 웃긴 아이디어 내다가 부부싸움도 몇 차례 했어요.)

그럼, 저희와 같이 일본어 속으로 떠나 보시죠!

저자 김경식

<ruby>시바시바</ruby>
しばしば는 '자수', '송송'을 뜻하는 일본어에요.

어렵게 생각하지 마세요. 그저 이 책을 **자주자주** 열어보고, 예문을 **종종** 따라 말해보며,

'**笑笑笑**' 웃다 보면 어느새 일본어와 친해져 있을 거예요.

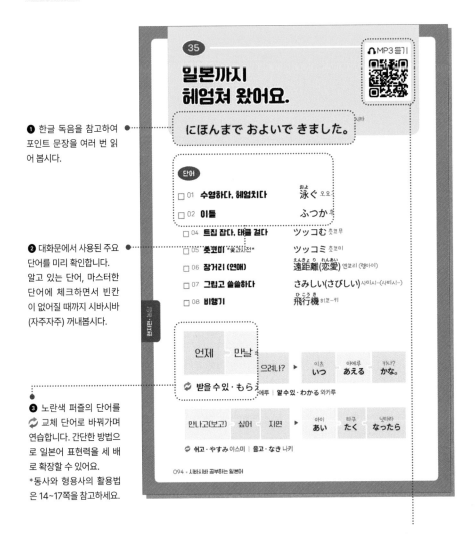

❶ 한글 독음을 참고하여 포인트 문장을 여러 번 읽어 봅시다.

❷ 대화문에서 사용된 주요 단어를 미리 확인합니다. 알고 있는 단어, 마스터한 단어에 체크하면서 빈칸이 없어질 때까지 시바시바 (자주자주) 꺼내봅시다.

❸ 노란색 퍼즐의 단어를 🔄 교체 단어로 바꿔가며 연습합니다. 간단한 방법으로 일본어 표현력을 세 배로 확장할 수 있어요.
*동사와 형용사의 활용법은 14~17쪽을 참고하세요.

❹ 원어민 음성을 들으며 귀가 뚫리고, 쉐도잉으로 따라 말하며 입이 뚫리는 MP3 음원입니다. QR코드를 바로 스캔해서 손쉽게 이용해 보세요.

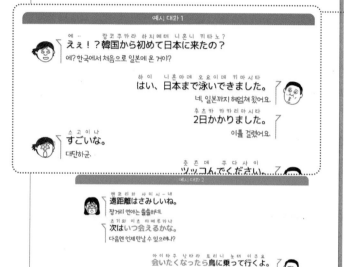

예시 대화 1

에 -　캉코쿠카라 하지메테 니혼니 키타노?
えぇ！？韓国から初めて日本に来たの？
에? 한국에서 처음으로 일본에 온 거야?

하 이　니혼마데 오요이데 키마시타
はい、日本まで泳いできました。
네, 일본까지 헤엄쳐 왔어요.

후츠카 카카리마시타
2日かかりました。
이틀 걸렸어요.

스 고 이 나
すごいな。
대단하군.

츳콘데 쿠다사이
ツッコんでください。

예시 대화 2

엔쿄리와 사 미 시 이 네
遠距離はさみしいね。
장거리 연애는 쓸쓸하네.

츠 기 와 이 츠 아 에 루 카 나
次はいつ会えるかな。
다음엔 언제 만날 수 있으려나?

아 이 타 쿠 낫 타 라　토 리 니 놋 테 이 쿠 요
会いたくなったら鳥に乗って行くよ。
보고 싶어지면 새를 타고 갈게.

히 코 - 키 니 놋 테 쿠 레
飛行機に乗ってくれ…。
비행기를 타 줘…. ☞춋코미

 쑻과사전 **타이밍이 생명! 춋코미**

일본에는 「ツッコミ(춋코미)」라는 ...롤어, '일본까지 헤엄쳐서 왔습니다'라고 ...정해 주는 말인데, 춋코미를 당하면 자신 했을 때 '그럴 리가 없잖아'라든지 '니 ...습니다. 간사이 사람들이 춋코미를 잘해 이 재미있는 사람이 된 것 같은 자랑스 ...면 말하는 사람도 있으니, 그런 사람에게 주는 걸로 유명한데, 춋코미를 전혀 ...(춋코미 해주세요)라고 말해 봅시다. 는 「冗談です(농담입니다)」라든지 ...

35 일본까지 헤엄쳐 왔어요. • 095

⑤ 지금까지 이런 예문은 없었다! 여러분을 일본인들 사이에서 인싸로 만들어줄 주옥같은 표현들을 모았습니다.
'이게 뭐야?' 다음 내용이 궁금해지면서 어느새 마지막 장을 넘기고 있는 자신을 발견할 수 있을 거예요. 쑻쑻쑻

⑥ 쿠리코 센세가 들려주는 생생한 일본 이야기입니다. 일본어 문장에 녹아있는 일본 문화를 같이 이해하면 생소한 표현도 더 쉽게 내 것으로 만들 수 있어요. 만남부터 연애, 결혼까지 이어 온 한일 커플의 피가 되고 살이 되는 조언과 꿀팁도 놓치지 마세요.

차례

차례

연애

れんあい
恋愛

くりこ 先生
쿠리코 센세

평소엔 차분하고 품격 있지만,
화나면 욕부터 나가는
위험한 여교사.

海苔キョンシク
노리경식 군

머리는 크지만,
자기가 잘생겼다고 생각하는
귀염둥이 남학생.

★ 'ㅋㅋㅋ'의 한본어 '笑笑笑' 탄생기

와라우 (웃다)

★ 시바시바 부가자료 활용하기
しばしば

※파고다북스 홈페이지에서 이용 가능
www.pagodabook.com

1. 단어장 다운로드 및
단어시험지 생성기로 셀프테스트
2. 표현 트레이닝 노트와 음원으로
문장 써 보기와 쉐도잉 연습

★ 쿠키커플 저자 직강 <시바시바 공부하는 일본어> 영상 보기

'저기요' 하며 부르는 すみません (스미마셍)도 있고

1. ▶ 유튜브에서
'시바시바 공부하는 일본어' 검색

2. QR코드 스캔하여
재생목록 바로 접속

01
**띄어쓰기가
없어요.**

표의문자 즉, 문자 자체에 의미가 있는 한자를 함께 사용하기 때문에 우리말과 달리 띄어쓰기가 없어도 의미가 전달됩니다.

다만, 이 책에서 히라가나로만 문장을 표기한 경우에는 편의상 띄어쓰기를 사용했고, 한글 독음에도 띄어쓰기를 사용했습니다.

02
**같은 한자를
다르게 읽어요.**

단어 구성·문맥에 따라 같은 한자를 다르게 읽을 때가 있습니다. '日(날 일)'이라는 한자를 [히(ひ)]라고 읽기도 하고, [니치(にち)]라고 읽기도 해요. 그래서 한자를 한 글자씩 외우는 것보다는 단어를 통해 익히는 것을 추천합니다. 그러기 위해 이 책을 시바시바(자주, 종종)! 열어보시면 돼요~!

03
**발음의 길이에
따라 의미가
달라져요.**

일본어는 '장음'과 '단음'을 구분합니다, 의미변별력이 있는 만큼 주의해야 하는 부분입니다. 예를 들어, [오바상(아주머니)]을 [오바아상(할머니)]으로 늘어뜨려 발음하면 듣는 아주머니가 언짢을 수 있겠죠?

이 책에서는 장음 읽는 법을 모두 '-'으로 표기했습니다. '-'가 보이는 곳은 앞 글자를 이어서 한 박자 더 발음해 주세요.

04
**실제 대화에서는
짧게 줄여서
말해요.**

여러분도 "저것은 나의 것이야."보다는 "저거 내 거야."라고 말하는 것이 더 자연스럽죠? 일본어도 구어체는 짧은 축약형이 많습니다. '하지 않으면 안 돼(해야 해)'를 뜻하는 [시나케레바나라나이] 일곱 글자를 [시나캬] 세 글자로 줄여버리는 마법 같은 효과죠. 일본의 애니, 영화, 드라마, 예능 그리고 앞으로 만나게 될 일본인 친구들도 축약 표현을 더 많이 씁니다. 교과서에서 배운 일본어가 일상의 일본어에서는 좀처럼 들리지 않는 이유일 겁니다.

그래서 이 책에는 진짜 원어민처럼 말할 수 있는 일본어를 담았습니다.

★ 청음

	あ단	い단	う단	え단	お단
あ행	あ 아 a	い 이 i	う 우 u	え 에 e	お 오 o
か행	か 카 ka	き 키 ki	く 쿠 ku	け 케 ke	こ 코 ko
さ행	さ 사 sa	し 시 si	す 스 su	せ 세 se	そ 소 so
た행	た 타 ta	ち 치 chi	つ 츠 tsu	て 테 te	と 토 to
な행	な 나 na	に 니 ni	ぬ 누 nu	*ね 네 ne	の 노 no
は행	は 하 ha	ひ 히 hi	ふ 후 hu	へ 헤 he	ほ 호 ho
ま행	ま 마 ma	み 미 mi	む 무 mu	め 메 me	も 모 mo
や행	や 야 ya		ゆ 유 yu		よ 요 yo
ら행	ら 라 ra	り 리 ri	る 루 ru	*れ 레 re	ろ 로 ro
わ행	*わ 와 wa				を 오 wo
	ん 응 ŋ				

★ 탁음·반탁음

	あ단	い단	う단	え단	お단
が행	が 가 ga	ぎ 기 gi	ぐ 구 gu	げ 게 ge	ご 고 go
ざ행	ざ 자 za	じ 지 ji	ず 즈 zu	ぜ 제 ze	ぞ 조 zo
だ행	だ 다 da	ぢ 지 ji	づ 즈 zu	で 데 de	ど 도 do
ば행	ば 바 ba	び 비 bi	ぶ 부 bu	べ 베 be	ぼ 보 bo
ぱ행	ぱ 파 pa	ぴ 피 pi	ぷ 푸 pu	ぺ 페 pe	ぽ 포 po

가타카나 오십음도

＊ 청음

	ア단	イ단	ウ단	エ단	オ단
ア행	ア 아 a	イ 이 i	ウ 우 u	エ 에 e	オ 오 o
カ행	カ 카 ka	キ 키 ki	ク 쿠 ku	ケ 케 ke	コ 코 ko
サ행	サ 사 sa	*シ 시 si	ス 스 su	セ 세 se	*ソ 소 so
タ행	タ 타 ta	チ 치 chi	*ツ 츠 tsu	テ 테 te	ト 토 to
ナ행	ナ 나 na	ニ 니 ni	ヌ 누 nu	ネ 네 ne	ノ 노 no
ハ행	ハ 하 ha	ヒ 히 hi	フ 후 hu	ヘ 헤 he	ホ 호 ho
マ행	マ 마 ma	ミ 미 mi	ム 무 mu	メ 메 me	モ 모 mo
ヤ행	ヤ 야 ya		ユ 유 yu		ヨ 요 yo
ラ행	ラ 라 ra	リ 리 ri	ル 루 ru	レ 레 re	ロ 로 ro
ワ행	ワ 와 wa				ヲ 오 wo
	*ン 응 ŋ				

＊ 탁음·반탁음

	ア단	イ단	ウ단	エ단	オ단
ガ행	ガ 가 ga	ギ 기 gi	グ 구 gu	ゲ 게 ge	ゴ 고 go
ザ행	ザ 자 za	ジ 지 ji	ズ 즈 zu	ゼ 제 ze	ゾ 조 zo
ダ행	ダ 다 da	ヂ 지 ji	ヅ 즈 zu	デ 데 de	ド 도 do
バ행	バ 바 ba	ビ 비 bi	ブ 부 bu	ベ 베 be	ボ 보 bo
パ행	パ 파 pa	ピ 피 pi	プ 푸 pu	ペ 페 pe	ポ 포 po

01 일본어 동사의 이해

일본어의 동사는 기본형이 모두 う단으로 끝나요.

- **1그룹 동사**: 기본형의 어미가 る로 끝나지 않는 동사 [예] 行く、飲む…
  - + る로 끝나지만 바로 앞글자가 い단/え단이 아닌 동사 [예] 乗る、終わる…
- **2그룹 동사**: 기본형의 어미가 る로 끝나고 바로 앞글자가 い단/え단인 동사 [예] 見る、食べる…
- **3그룹 동사**: する・くる (2개만 해당)
  - *예외 1류 동사: 2그룹 동사의 형태를 보이지만, 예외적으로 1그룹 활용을 따르는 동사
    - [예] 入る、走る、帰る、知る…

★ 동사 활용법

	1그룹	2그룹	3그룹
기본형	[예] 行く 가다 使う 사용하다	[예] 食べる 먹다 見る 보다	する 하다 来る 오다
ます형	어미 う단 → い단 [예] いきます 갑니다	어미 る 생략 [예] たべます 먹습니다	します 합니다 きます 옵니다

*ます・ません・ました・ませんでした… 뿐만 아니라, ~たい, ~ながら 등의 문형도 ます형에 접속

	1그룹	2그룹	3그룹
て형・た형	어미 う・つ・る → って [예] つかって 사용하고 사용해서 어미 ぬ・む・ぶ → んで [예] のんで 마시고, 마셔서 어미 く・ぐ → いて・いで [예] きいて 듣고, 들어서 およいで 수영하고 수영해서 *行く는 예외! → 行って	어미 る 생략 [예] たべて 먹고, 먹어서	して 하고, 해서 した 했다 きて 오고, 와서 きた 왔다

※더 자세히 공부하고 싶은 사람만 보세요~ 쑷쑷

	1그룹	2그룹	3그룹
ない형	어미 う단 → あ단 예 いかない 가지 않나 *う는 あ가 아닌 わ로	어미 る 생략 예 たべない 먹지 않다	しない 하지 않다 こない 오지 않다
가능형	어미 う단 → え단 예 いける 갈 수 있다	어미 る → られる 예 たべられる 먹을 수 있다	できる 할 수 있다 こられる 올 수 있다
의지 · 권유형	어미 う단 → お단 + う 예 いこう 가자	어미 る → よう 예 たべよう 먹자	しよう 하자 こよう 오자
명령형	어미 う단 → え단 예 いけ 가라	어미 る → ろ 예 たべろ 먹어라	しろ 해라 こい 와라
수동형	어미 う단 → あ단 + れる 예 つかわれる 사용되다	어미 る → られる 예 たべられる 먹히다	される 당하다(받다) こられる (누군가) 오다, 들이닥쳐 곤란하다
사역형	어미 う단 → あ단 + せる 예 つかわせる 사용하게 하다	어미 る → させる 예 たべさせる 먹게 하다	させる 시키다 こさせる 오게 하다

02 일본어 형용사의 이해

사물의 성질, 상태나 사람의 감정, 판단 등을 나타내는 품사로, 2가지 형태로 분류해요.

· **い형용사:** 기본형의 어미가 い로 끝나고, 명사를 기본형으로 수식
· **な형용사:** 기본형의 어미가 だ로 끝나고, 명사를 ~な의 형태로 수식

★ **형용사 활용법**

	い형용사	な형용사
기본형	예 かわいい 귀엽다	예 素敵だ 멋지다
연체형	기본형 그대로 수식 예 かわいい 귀여운	어미 だ → な 예 すてきな 멋진
정중형	기본형 + です 예 かわいいです 귀여워요	어미 だ → です 예 すてきです 멋져요
て형	어미 い → くて 예 かわいくて 귀엽고, 귀여워서	어미 だ → で 예 すてきで 멋지고, 멋져서
과거형	어미 い → かった 예 かわいかった 귀여웠다	어미 だ → だった 예 すてきだった 멋졌다
과거 정중형	과거형 + です 예 かわいかったです 귀여웠어요	① 과거형 + です 예 すてきだったです 멋졌어요 ② 어미 だ → でした 예 すてきでした 멋졌어요

※더 자세히 공부하고 싶은 사람만 보세요~ 웃웃

	い형용사	な형용사
부정형	어미 い → くない 예 かわいくない 귀엽지 않다	어미 だ → ではない/じゃない 예 すてきではない 멋있지 않다 すてきじゃない 멋있지 않다
부정 정중형	① 부정형 + です 예 かわいくないです 귀엽지 않아요 ② 어미 い → くありません 예 かわいくありません 귀엽지 않아요	① 부정형 + です 예 すてきではないです 멋있지 않아요 すてきじゃないです 멋있지 않아요 ② 어미 だ → ではありません じゃありません 예 すてきではありません 멋있지 않아요 すてきじゃありません 멋있지 않아요

저자 직강
무료 영상

시바시바
_{しばしば}
공부하는
일본어

헌팅

ナンパ

약속
있으세요?

まちあわせですか。 마치아와세데스까?

🎧MP3 듣기

단어

□ 01 **(만나는) 약속**　待ち合わせ 마치아와세

□ 02 **남자 친구**　彼氏 카레시

□ 03 **여성, 여자**　女性 죠세ー

□ 04 **싸움**　ケンカ 켕카

□ 05 **내일**　明日 아시타

□ 06 **바쁘다**　忙しい 이소가시ー

□ 07 **생리적으로**　生理的に 세ー리테키니

□ 08 **무리**　無理 무리

표현

| 싸움 | 하고 싶어? | ▶ | 켕카
ケンカ | 시타이?
したい？ |

🔄 운동 · うんどう 운도- ｜ 고백 · こくはく 코쿠하쿠

| 바빠 | 요? | ▶ | 이소가시ー
いそがしい | 데스까?
ですか。 |

🔄 멀어 · とおい 토-이 ｜ 아파 · いたい 이타이

스 미 마 셍　마 치 아 와 세 데 스 까 ?
すみません、待ち合わせですか。

저기요, 약속 있으세요?

하 이　카 레 시 오 맛 테 이 마 스
はい。彼氏を待っています。

네. 남자 친구를 기다리고 있어요.

에 ? 아 나 타　죠 세 ─ 닷 탄 데 스 까 ?
え?あなた女性だったんですか。

어? 당신 여자였어요?

켕 카　시 타 이 노 ?
ケンカしたいの？

싸우고 싶어?

쿠 리 코 센 세 ─　아 시 타　하 치 지 니 마 치 아 와 세 시 마 쇼 ─
くりこ先生、明日8時に待ち合わせしましょう。

쿠리코 선생님, 내일 8시에 만나요.

이 야 데 스
嫌です。

싫어요.

난 데 ?　이 소 가 시 ─ 데 스 까 ?
なんで？忙しいですか。

왜? 바쁘세요?

세 ─ 리 테 키 니　무 리 데 스
生理的に無理です。

생리적으로 무리예요.

꽃과사전 ▶ 생리적으로

「生理的に(세-리테키니)」라는 표현은 일본에서 남녀노소 불문하고 자주 사용하는 표현입니다. '어떠한 설명을 못할 만큼 본능적으로…', '마음속에서 이성적인 판단이 아닌, 그냥 내 자체가…'라는 느낌으로, 부정적인 의미의 말과 함께 사용합니다. 예를 들어 '생리적으로 싫다'라고 하면 '본능적으로 그냥 너무 싫다'라는 뜻이 됩니다. 취향이 아닌데 작업을 걸어오는 사람이나 스토커, 날 괴롭히는 사람에게 써도 되는 표현이지만, 매우 강한 부정 표현이므로 주의해서 사용하세요.

02

같이
한잔 안 할래요?

いっしょに のみませんか。 잇쇼니 노미마셍까?

 MP3 듣기

단어

□ 01 **저기요, 미안해요**　　すみません 스미마셍

□ 02 **오빠/누나**　　お兄さん/お姉さん 오니-상/오네-상

□ 03 **꽃미남, 잘생김**　　イケメン 이케멘

□ 04 **같이**　　一緒に 잇쇼니

□ 05 **마시다**　　飲む 노무

□ 06 **2차**　　二次会 니지카이

□ 07 **경찰**　　警察 케-사츠

□ 08 **잘 가요**　　さようなら 사요-나라

표현

| 마시지 | 않을래요? | ▶ | 노미
のみ | 마셍까?
ませんか。 |

🔁 **먹지 · たべ 타베 ┃ 타지 · のり 노리**

| 귀엽 | 네요. | ▶ | 카와이-
かわいい | 데스네
ですね。 |

🔁 **멋지(다) · かっこいい 칵코이- ┃ 친절하(다) · やさしい 야사시-**

_{스 미 마 셍 오 니 ─ 상 타 치 이 케 멘 데 스 네}
すみません。お兄さんたちイケメンですね。

저기요, 오빠들 잘생겼네요.

_{아   아 리 가 토 ─ 고 자 이 마 스}
あ、ありがとうございます。

아, 감사합니다.

_{잇 쇼 니 노 미 마 셍 까 ?}
一緒に飲みませんか。

같이 한잔 안 할래요?

_{이 ─ 데 스 요}
いいですよ。

좋아요.

_{오 네 ─ 상   카 와 이 ─ 데 스 네}
お姉さん、かわいいですね。

누나 귀엽네요.

_{아 리 가 토 ─ 고 자 이 마 스}
ありがとうございます。

감사합니다.

_{잇 쇼 니 니 지 카 이 니 이 키 마 셍 까 ?}
一緒に二次会に行きませんか。

같이 2차 안 갈래요?

_{케 ─ 사 츠 요 비 마 스 요}
警察呼びますよ。

경찰 부르겠습니다.

_{스 미 마 셍   사 요 ─ 나 라}
すみません。さようなら。

미안합니다. 안녕히 가세요.

🍶과사전 ▶ **술친구**

일본은 혼술하는 사람이 많은 것으로도 유명하지만, 일행과 마시고 있어도 말을 거는 사람(대부분 아저씨)이 있기도 합니다. 함께 술을 마시다가 분위기가 좋으면 같이 2차에 가거나 또 만나자는 약속을 하기도 합니다. 나이나 성별도 묻지 않고 오직 술로만 연결되는 신기한 만남이 생길 수 있는데, 이를 「のみとも(술친구)」라고 합니다. '노미토모'는 친구나 가족처럼 엄청 가까운 관계가 아니기 때문에, 적당한 거리감을 두고 편하게 대화할 수 있는 관계입니다.

센스가
좋네요.

センスが いいですね 。 센스가 이―데스네

🎧 MP3 듣기

단어

☐ 01 **잘 어울려요**　　　お似合いです 오니아이데스

☐ 02 **훌륭함, 멋짐, 멋져**　素敵 스테키

☐ 03 **직원(분)**　　　　　店員(さん) 텡잉(상)

☐ 04 **(물건을) 사다**　　　買う 카우

☐ 05 **옷**　　　　　　　　服 후쿠

☐ 06 **센스**　　　　　　　センス 센스

☐ 07 **여자 친구**　　　　　彼女 카노죠

☐ 08 **(옷의) 코디**　　　　コーディネート 코―디네―토

표현

| 이거 | 주세요. | ▶ | 코레 これ | 쿠다사이 ください。 |

🔄 그거 · それ 소레 ┃ 저거, (서로 알고 있는) 그거 · あれ 아레

| 여자 친구 | 가 되다. | ▶ | 카노죠 かのじょ | 니나루 になる。 |

🔄 의사 · いしゃ 이샤 ┃ 부모 · おや 오야

코 레 쿠 다 사 이
これください。

이거 주세요.

카 시 코 마 리 마 시 타　토 테 모　오 니 아 이 데 스 요
かしこまりました。とてもお似合いですよ。

알겠습니다. 정말 잘 어울리시네요.

아 나 타 노　호 ─ 가　스 테 키 데 스　텡 잉 상 와　카 레 시　이 마 스 까
あなたの方が素敵です。店員さんは彼氏いますか。

당신이 더 훌륭해요. 직원분은 남자 친구 있어요?

이 마 스
います。

있어요.

얏 파 리　카 이 마 셍
やっぱり買いません。

역시 안 살래요.

텡 잉 상 가　키 테 루　후 쿠　센 스 가　이 ─ 데 스 네
店員さんが着てる服、センスがいいですね。

직원분이 입고 있는 옷, 센스가 좋네요.

아 리 가 토 ─ 고 자 이 마 스
ありがとうございます。

감사합니다.

와 타 시 노　카 노 죠 니　낫 테
私の彼女になって、

즛 토　코 ─ 디 네 ─ 토　시 테　쿠 레 마 셍 까
ずっとコーディネートしてくれませんか。

제 여자 친구가 되어서 계속 코디해 주지 않을래요?

에
え…♡

에…♡

 호칭

일본에서는 가게의 직원을 부를 때 여러 가지 호칭(요비카타)이 있습니다. 예를 들면 옷을 파는 곳에서는 「店員さん(텡잉상; 점원분)」, 식당에서는 「すみません(스미마셍; 저기요)」, 이자카야에서는 「店長(텐쵸-; 점장님)」, 「大将(타이쇼-; 대장)」, 바(bar)에서는 「マスター(마스타-; 마스터)」 등입니다. 어떻게 부를지 모를 때는 '스미마셍'이 가장 무난하지만, 다른 손님이 부르는 것을 듣고 따라 불러 보는 것도 재미있는 경험이 될 거예요.

저도
끼워 주세요.

🎧MP3 듣기

わたしも まぜてください。 와타시모 마제테 쿠다사이

단어

☐ 01	**그룹**	グループ	구루-푸
☐ 02	**대학교**	大学	다이가쿠
☐ 03	**동아리**	サークル	사-쿠루
☐ 04	**모두, 여러분**	みんな	민나
☐ 05	**돌아가다**	帰る	카에루
☐ 06	**(무리에) 끼워 주다**	混ぜる	마제루
☐ 07	**타코야끼**	たこ焼き	타코야끼
☐ 08	**대머리**	ハゲ	하게
☐ 09	**~라고 (인용)**	〜って	〜(읏)떼

표현

먹어	보고 싶어.	▶	타베테 **たべて**	미타이 **みたい。**

🔄 **입어 · きて 키테 | 사용해 · つかって 츠캇테**

타코야끼	같아.	▶	타코야끼 **たこやき**	미타이 **みたい。**

🔄 **모델 · モデル 모데루 | 가수 · かしゅ 카슈**

_{콘 니 치 와   난 노 구 루 - 푸 데 스 까 ?}
こんにちは。何のグループですか。

안녕하세요. 무슨 그룹인가요?

_{다 이 가 쿠 노   사 - 쿠 루 데 스}
大学のサークルです。

대학교 동아리예요.

_{민 나 카 와 이 - 데 스 네   와 타 시 모 마 제 테 쿠 다 사 이}
みんなかわいいですね。私も混ぜてください。

다들 귀여우시네요. 저도 끼워 주세요.

_{민 나 카 레 시 이 마 스 케 도 이 - 데 스 까 ?}
みんな彼氏いますけどいいですか。

다들 남자 친구 있는데 괜찮아요?

_{카 에 리 마 스}
帰ります。

돌아갈게요.

_{오 네 - 상 타 치   소 노   타 코 야 끼   오 이 시 - 데 스 까 ?}
お姉さんたち。そのたこ焼き美味しいですか。

누나들. 그 타코야끼 맛있나요?

_{하 이   민 나 데   타 베 루 토   오 이 시 - 데 스 요}
はい、みんなで食べるとおいしいですよ。

네, 다 같이 먹으면 맛있어요.

_{와 타 시 모 마 제 테 쿠 다 사 이   타 베 테 미 타 이 데 스}
私も混ぜてください。食べてみたいです。

저도 끼워 주세요. 먹어 보고 싶어요.

_{오 니 - 상   타 코 야 끼 미 타 이 데 스 네}
お兄さん、たこ焼きみたいですね。

오빠, 타코야끼 같네요.

_{하 겟 떼   이 - 타 이 노 ?}
ハゲって言いたいの？！

대머리라고 말하고 싶은 거냐?!

쑥과사전 **대머리**

일본에서 대머리(하게)를 가리키는 말은 '타코(문어)', '타코야키', '뎅큐(전구)', '하게차빙(대머리 주전자)', '츠루츠루(미끌미끌)', '츠룻파게(미끌미끌한 대머리)' 등 여러 가지 표현이 있습니다. 개 그맨이 대머리를 괴롭히는 장면이 TV에 자주 나오기 때문에 일반인들도 그런 농담을 자주 합니다. '아, 하게(대머리)다! 하겐다즈 먹을래?', '머리카락 어디에 놓고 왔어?'라고 짓궂게 놀리는 사람도 있지만, 이럴 땐 같이 놀리지 않고 그냥 보고만 있는 것이 안전합니다.

체포될 확률 99%

관광 명소보다
당신이 멋져요.

∩MP3 듣기

かんこう めいしょより あなたが すてきです。

칸코ー 메ー쇼요리 아나타가 스테키데스

단어

- [ ] 01 **혼자, 한 명** 一人 히토리
- [ ] 02 **더** もっと 못토
- [ ] 03 **여보세요** もしもし 모시모시
- [ ] 04 **110번 (경찰서 번호)** 110番 햐쿠토ー방
- [ ] 05 **변태** 変態 헨타이
- [ ] 06 **있어요 (사람/동물)** います 이마스
- [ ] 07 **키가 크다/작다** 背が高い/低い 세가 타카이/히쿠이
- [ ] 08 **분명** きっと 킷토

표현

| 보 | 러 | 왔다. | ▶ | 미 み | 니 に | 키타 きた。 |

🔄 공부하 · べんきょうし 벵쿄-시 | 먹으 · たべ 타베

| 변태 | 가 | 있어요. | ▶ | 헨타이 へんたい | 가 が | 이마스 います。 |

🔄 귀신 · おばけ 오바케 | 엄마 · おかあさん 오카-상

<ruby>ス<rt>스</rt></ruby> <ruby>ミ<rt>미</rt></ruby> <ruby>マ<rt>마</rt></ruby> <ruby>セ<rt>셍</rt></ruby> 　 <ruby>イ<rt>이</rt></ruby> <ruby>マ<rt>마</rt></ruby> 　 <ruby>ヒ<rt>히</rt></ruby> <ruby>ト<rt>토</rt></ruby> <ruby>リ<rt>리</rt></ruby> <ruby>デ<rt>데</rt></ruby> <ruby>ス<rt>스</rt></ruby> <ruby>カ<rt>까</rt></ruby>?

すみません、今一人ですか。

저기요, 지금 혼자예요?

ハ イ
はい。

네.

トーキョータワーヲ 미니 키탄데스가 아나타가 못토 스테키데스

東京タワーを見に来たんですが、あなたがもっと素敵です。

도쿄타워를 보러 왔는데요, 당신이 더 멋지네요.

모시모시 햐쿠토-방데스까? 코코니 헨타이가 이마스

もしもし、110番ですか。ここに変態がいます。

여보세요, 110번이죠? 여기 변태가 있어요.

아노 세가 타카쿠테 스테키데스네

あの、背が高くて素敵ですね。

저기요. 키가 크고 멋지시네요.

아 아리가토-고자이마스

あ、ありがとうございます。

아, 감사합니다.

아나타와 킷토 스카이츠리-요리 세가 타카이토 오모이마스

あなたはきっとスカイツリーより背が高いと思います。

당신은 분명 스카이트리보다 키가 크다고 생각해요.

하하 와타시노 스카이츠리-모 미테 미마셍까?

はは、私のスカイツリーも見てみませんか。

하하, 저의 스카이트리도 보지않을래요?

모시모시 햐쿠토-방데스까? 코코니 헨타이가 이마스

もしもし、110番ですか。ここに変態がいます。

여보세요, 110번이죠? 여기 변태가 있어요.

쏙과사전 ▶ **일본의 타워**

일본에는 도쿄 타워와 스카이트리 이외에도 전국 각지에 타워가 있습니다. 각각의 타워에는 그곳에서만 살 수 있는 캐릭터 굿즈, 열쇠고리, 스탬프 등이 있고 그걸 모으는 수집가도 많이 있습니다. 홋카이도의 「五稜郭タワー(고료-카쿠 타와-)」, 나고야의 「MIRAIタワー(미라이 타와-)」, 후쿠오카의 「福岡タワー(후쿠오카 타와-)」 등 지역에 따라 보이는 경치도 다르기 때문에 각 지역의 타워를 여행하는 것도 재미있을 거예요.

한 잔
사게 해주세요.

🎧MP3 듣기

いっぱい おごらせて ください。 입파이 오고라세테 쿠다사이

단어

□ 01 **옆**　　　　　隣 ^{となり} 토나리

□ 02 **앉다**　　　　座る ^{すわ} 스와루

□ 03 **타입, 취향**　タイプ 타이푸

□ 04 **한 잔**　　　　一杯 ^{いっぱい} 입파이

□ 05 **한턱내다**　　おごる 오고루

□ 06 **메뉴**　　　　メニュー 메뉴-

□ 07 **전부**　　　　全部 ^{ぜん ぶ} 젬부

□ 08 **(성대)모사**　ものまね 모노마네

표현

| (한턱) 사게 해 | 주세요. | ▶ | 오고라세테
おごらせて | 쿠다사이
ください。 |

🔁 **돕게 해** · てつだわせて 테츠다와세테 ｜ **일하게 해** · はたらかせて 하타라카세테

| (한턱) 사 | 주세요. | ▶ | 오곳테
おごって | 쿠다사이
ください。 |

🔁 **도와** · てつだって 테츠닷테 ｜ **일해** · はたらいて 하타라이테

토 나 리 니　스 왓 테 모　이 ─ 데 스 까 ?
隣に座ってもいいですか。

옆에 앉아도 되나요?

아　하 이　이 ─ 데 스 요
あ、はい。いいですよ。

아, 네. 괜찮아요.

토 테 모　와 타 시 노　타 이 푸 데 스　입 파 이　오 고 라 세 테　쿠 다 사 이
とても私のタイプです。一杯おごらせてください。

정말 제 타입이네요. 한 잔 사게 해주세요.

에 ?　쟈 ─　코 노　미 세 노　메 뉴 ─　젬 부　오 곳 테　쿠 다 사 이
え？じゃぁこの店のメニュー全部おごってください。

에? 그럼 이 가게의 메뉴를 전부 쏘세요.

맛 테　맛 테　입 파 이
待って待って！！！一杯！！

잠깐 잠깐만!!! 한 잔!!

스 미 마 셍　히 토 리 데　논 데　마 스 까 ?
すみません、一人で飲んでますか。

저기요, 혼자 마시고 있어요?

하 이　소 ─ 데 스
はい、そうです。

네, 맞아요.

입 파 이　오 고 루 노 데　잇 쇼 니　노 미 마 셍 까 ?
一杯おごるので、一緒に飲みませんか。

한 잔 살 테니 같이 마시지 않을래요?

도 라 에 몽 노　모 노 마 네 가　데 키 타 라　이 ─ 데 스 요
ドラえもんのものまねができたらいいですよ。

도라에몽 성대모사를 할 수 있다면 좋아요.

보 쿠　도 라 에 몽 데 스
「僕ドラえもんです」

'난 도라에몽이에요'

니 텐　카 에 레
2点。帰れ。

2점. 돌아가.

 쑛과사전　**결국은 외모다!**

일본에서 혼자 술을 마시다 보면 '입파이 오고라세테 쿠다사이(한 잔 사게 해주세요)'라는 말을 들을 때가 종종 있습니다. 또는 계산하려고 할 때 '방금 가신 손님이 계산했어요'라고 하는 경우도 있습니다. 그 이유는 내가 이상형이기 때문에, 나를 축하해주고 싶어서(생일, 졸업, 승진 등), 나를 위로해 주고 싶어서(시험 탈락, 이별 등) 같이 여러 가지 이유가 있습니다. 위험해 보이는 사람이나 변태가 아니라면 그 호의를 받고 그냥 감사하다는 인사만 하면 괜찮습니다.

저도
같이 가고 싶어요.

🎧MP3 듣기

わたしも いっしょに いきたいです。 와타시모 잇쇼니 이키타이데스

🔵 **단어**

☐ 01	**~까지**	〜まで	〜마데
☐ 02	**우연**	偶然 ぐうぜん	구-젠
☐ 03	**도대체**	一体 いったい	잇타이
☐ 04	**~정도**	〜ぐらい	〜구라이
☐ 05	**왜?**	なんで?	난데?
☐ 06	**항상, 언제나**	いつも	이츠모
☐ 07	**다녀오세요**	いってらっしゃい	잇테랏샤이

🔵 **표현**

어디에	가요?	▶	도코니 どこに	이키마스까? いきますか。

🔄 **언제 · いつ** 이츠 | **어떻게 · どうやって** 도-얏테

말했	잖아.	▶	잇타 いった	쟈나이(까)? じゃない(か)？

🔄 **먹었 · たべた** 타베타 | **약속했 · やくそくした** 야쿠소쿠시타

아 노　도 코 마 데　이 키 마 스 까？
あの、どこまで行きますか。

저기, 어디까지 가세요?

신 오 - 사 카 데 스
新大阪です。

신오사카요.

와 - 구 - 젠　와타시모 신오-사카니 이키마스　도 코 니　이 키 마 스 까？
わぁ偶然！私も新大阪に行きます。どこに行きますか。

와~ 우연! 저도 신오사카에 가요. 어디로 가세요?

유 - 에스제 - 니 이키마스
USJに行きます。

USJ에 가요.

이 - 데 스 네　와타시모 잇쇼니 이키타이데스
いいですね。私も一緒に行きたいです！

좋네요. 저도 같이 가고 싶어요!

쿠 리 코　잇 타 이 도 코 니　이 쿤 다？
くりこ、一体どこに行くんだ？

쿠리코 도대체 어디에 가는 거야?

고 훈　구 라 이 데　카 엣 테　쿠 루 요
5分ぐらいで帰ってくるよ。

5분 정도면 돌아올 거야.

난 데？오 레 타 치 와　이 츠 모　잇 쇼 닷 테　잇 타 쟈 나 이 까
なんで？俺たちはいつも一緒だって言ったじゃないか！

왜? 우린 항상 함께라고 말했잖아!

죠 시　토 이 레 요
女子トイレよ。

여자 화장실이야.

잇 테 랏 샤 이
いってらっしゃい。

잘 다녀와.

🖌과사전 ▶ **이런 우연이!**

일본에서는 어떤 타이밍이 신기하게 맞았을 때나 예상치 못한 곳에서 아는 사람과 만났을 때 '구-젠(우연)'이라는 표현을 자주 사용합니다. 대화를 할 때 뒤에 붙는 말들을 생략하고 '구-젠' 단어 하나만으로 사용하기 때문에, 「キャー！ぐうぜん！(캬-! 구-젠!)」「ぐうっっぜぇ ーん！(구-웃-젠!)」「偶然じゃん！(구-젠쟝!)」 등 감정을 넣어서 표현하는 경우가 많습니다. 다음에 일본 사람과 만나면 감정을 많이 넣어서 꼭 사용해 보세요.

일본어로
어떻게 발음해요?

🎧MP3 듣기

にほんごで どう はつおん しますか。 니홍고데 도ー하츠온 시마스까?

단어

☐ 01 **라인(메신저 앱)**   ライン 라인

☐ 02 **발음**   発音 하츠온

☐ 03 **아이디(ID)**   アイディー 아이디ー

☐ 04 **프로필 사진**   アイコン 아이콩

☐ 05 **당신**   あなた 아나타

☐ 06 **요리**   料理 료ー리

☐ 07 **소고기 덮밥**   牛丼 규ー동

표현

| 어떻게 | 발음해 | 요? | ▶ | 도ー
どう | 하츠온시
はつおんし | 마스까?
ますか。 |

🔄 말해·いい 이ー | 써(적어)·かき 카키

| 맛있을 | 것 같아. | ▶ | 오이시
おいし | 소ー
そう。 |

🔄 재미있을·おもしろ 오모시로 | 비쌀·たか 타카

(번역기에 '라인 알려주세요'를 검색하며)

스 미 마 셍　니 홍 고 데 코 레 와　도 - 하 츠 온　시 마 스 까?
すみません、日本語でこれはどう発音しますか。
저기요, 일본어로 이건 어떻게 발음해요?

라 인　오 시 에 테　쿠 다 사 이
ライン教えてください。
[라인 오시에테 구다사이]

아　이 - 데 스 요　코 레 가　와 타 시 노　아 이 디 - 데 스
あ、いいですよ。これが私のIDです。
아, 좋아요. 이게 제 아이디예요.

에 ?아　하 이
え？あ、はい…。
에? 아, 네….

아 이 콩 와　아 나 타 데 스 까 ?카 와 이 - 데 스 네
アイコンはあなたですか。かわいいですね。
프사는 당신이에요? 귀엽네요.

체　혼　만　데　스
チェホンマンです。
최홍만입니다.

코 노　료 - 리 와　니 홍 고 데　도 - 이 - 마 스 까?
この料理は日本語でどう言いますか。
이 요리는 일본어로 어떻게 말해요?

규 - 동　데 스
「牛丼」です。
'규동'이에요.

오 이 시 소 - 데 스 네　잇 쇼 니　타 베 마 셍 까 ?
おいしそうですね。一緒に食べませんか。
맛있어 보이네요. 같이 먹지 않을래요?

이 - 데 스 요
いいですよ。
좋아요.

🌶과사전　**일본의 카톡**

일본인들이 가장 많이 사용하는 연락 어플은 '라인(LINE)'입니다. 조사에 따르면, 일본 국민의 무려 80% 이상이 사용하고 있다고 합니다. 자신의 아이의 이모티콘을 만들어 공유하는 사람도 많이 있습니다. 한국인과 일본인이 사귀게 되면 라인이나 카카오톡 둘 중 하나를 주로 사용하게 되는데, 일본에 사는 한일커플은 라인, 한국에 사는 한일커플은 카카오톡을 사용하는 경우가 많습니다.

차례가 올 때까지 대화하지 않을래요?

MP3 듣기

じゅんばんが くるまで はなしませんか。
줌방가 쿠루마데 하나시마셍까?

세로편·훈년음

단어

☐ 01 **시간** 時間 지칸

☐ 02 **(시간이) 걸리다** かかる 카카루

☐ 03 **차례** 順番 줌방

☐ 04 **오다** 来る 쿠루

☐ 05 **이야기하다** 話す 하나스

☐ 06 **피곤하다, 지치다** 疲れる 츠카레루

☐ 07 **괜찮음, 괜찮아** 大丈夫 다이죠-부

표현

(시간) 걸릴	것 같아	요.	▶	카카리 かかり	소- そう	데스 です。

🔁 **쓰러질 · たおれ 타오레 | 비가 올 · あめが ふり 아메가 후리**

올	때까지	▶	쿠루 くる	마데 まで

🔁 **끝날 · おわる 오와루 | 도착할 · とうちゃくする 토-챠쿠스루**

히토가 오-이 　 마다마다 지칸가 카카리소-데스네
人が多い…まだまだ時間がかかりそうですね。

사람이 많네… 아직도 시간이 (더) 걸릴 것 같네요.

소-데스네
そうですね。

그렇네요.

줌방가 쿠루마데 하나시마셍까?
順番が来るまで話しませんか。

차례가 올 때까지 대화하지 않을래요?

오니-상 코코 죠시 토이레데스요
お兄さん、ここ女子トイレですよ。

오빠, 여기 여자 화장실이에요.

콘니치와 　 스고이 히토데스네
こんにちは。すごい人ですね。

안녕하세요. 사람이 엄청 많네요.

하이 츠카레마스네
はい、疲れますね。

네, 피곤하네요.

데모 코코니 콘나니 스테키나 히토가 이루카라 다이죠-부 소-데스
でもここにこんなに素敵な人がいるから人丈夫そうです。

그래도 여기에 이렇게 예쁜 사람이 있어서 괜찮을 것 같아요.

아리가토-고자이마스
ありがとうございます。

감사합니다.

줌방가 쿠루마데 하나시마셍까?
順番が来るまで話しませんか。

차례가 올 때까지 대화하지 않을래요?

소레와 무리데스
それは無理です。

그건 무리예요.

🏮과사전　**기다림의 미학**

일본에서 유원지에 놀러 가면 자주 대기를 해야 합니다. 도쿄 디즈니랜드나 오사카 USJ(유니버설 스튜디오 재팬)에서는 300분, 400분 기다리는 것도 흔한 일이며, '스시로(초밥 체인점)'나 맛집에서도 웨이팅을 하는 경우가 많습니다. 참고로 요즘은 시간을 돈으로 사는 시대라는 말이 있죠? 그래서 최근엔 「並び代行(줄서기 대행)」라는 아르바이트가 생겼는데, 바쁜 사람 대신 줄을 서서 한정판 굿즈를 구매해 주거나 아이돌 팬 사인회를 기다려 주는 사람도 있습니다.

10

같이
(사진) 찍지 않을래요?

いっしょに (しゃしん) とりません。 잇쇼니 (샤싱) 토리마셍까?

🎧MP3 듣기

단어

- [ ] 01 **사진** 　　写真 샤싱
- [ ] 02 **(사진을) 찍다** 　　撮る 토루
- [ ] 03 **치~즈 (사진 찍을 때)** 　　ハイチーズ 하이치-즈
- [ ] 04 **비싸다** 　　高い 타카이
- [ ] 05 **싸다** 　　安い 야스이
- [ ] 06 **어때요?** 　　どうですか 도-데스까?
- [ ] 07 **분할 (할부)** 　　分割 붕카츠

표현

| 사진 찍어 | 주시지 않을래요? | ▶ | 샤싱 톳테 しゃしん、とって | 쿠레마셍까? くれませんか。 |

🔄 옮겨 · はこんで 하콘데 ┃ (짐을) 들어 · (にもつを) もって (니모츠오) 못테

| 같이 | 찍지 | 않을래요? | ▶ | 잇쇼니 いっしょに | 토리 とり | 마셍까? ませんか。 |

🔄 가지 · いき 이키 ┃ 마시지 · のみ 노미

<ruby>ス<rt>스</rt></ruby> <ruby>ミ<rt>미</rt></ruby> <ruby>マ<rt>마</rt></ruby> <ruby>セ<rt>셍</rt></ruby>　<ruby>シャ<rt>샤</rt></ruby> <ruby>シン<rt>싱</rt></ruby>　<ruby>トッ<rt>톳</rt></ruby> <ruby>テ<rt>테</rt></ruby>　<ruby>ク<rt>쿠</rt></ruby> <ruby>レ<rt>레</rt></ruby> <ruby>マ<rt>마</rt></ruby> <ruby>セン<rt>셍</rt></ruby> <ruby>カ<rt>까</rt></ruby>？
すみません、写真撮ってくれませんか。

저기요, 사진 찍어주시지않을래요?

이 - 데 스 요　하 이 치 - 즈
いいですよ。ハイチーズ。

좋아요. 하이 치즈~

아 노　잇 쇼 니　토 리 마 셍 까？
あの、一緒に撮りませんか。

저, 같이 찍지않을래요?

에　　하 이
え、、はい。

아... 네.

스 미 마 셍　샤 싱　잇 쇼 니　토 리 마 셍 까？
すみません、写真一緒に撮りませんか。

저기요, 사진 같이 찍지않을래요?

고 오 쿠 엔 데 스
5億円です。

5억 엔이에요.

아　타 카 이 데 스 네　야 스 쿠 시 테 쿠 다 사 이
あ、高いですね。安くしてください。

아, 비싸네요. 저렴하게 해주세요.

욘 오 쿠 큐 - 센 만 엔 와　도 - 데 스 까？
4億9千万円はどうですか。

니억 9천만 엔은 어떠세요?

붕 카 츠 데 모　다 이 죠 - 부 데 스 까？
分割でも大丈夫ですか。

할부도 괜찮나요?

🫖 꿀과사전 ▶ 스티커 사진

일본 여행을 가면 다양한 곳에서 사진을 찍을 텐데요. 일본의 '프리쿠라(스티커 사진)'도 경험해 볼 만합니다. '프린토쿠라부'의 줄임말인 '푸리쿠라'는 스마트폰 사진 어플과는 비교할 수 없을 만큼 강한 보정 효과로 원래 얼굴을 몰라볼 정도이지만, 큰 눈과 뾰족한 턱이 만화 주인공처럼 귀엽게 보이기 때문에 외국인에게도 인기입니다. 여자 전용 프리쿠라나 코스프레 의상이 있는 테마파크 같은 프리쿠라도 있으니, 일본에 가면 꼭 들러 보세요.

저자 직강
무료 영상

시바시바
(しばしば)
공부하는
일본어

싸움

ケンカ

바보 라고 한 놈이 바보.

∩ MP3 듣기

バカって いった やつが バカ。 바캇테 잇타 야츠가 바카

단어

☐ 01 **바보** バカ 바카

☐ 02 **말하다** 言う 이우

☐ 03 **녀석, 놈** 奴 야츠

☐ 04 **미안해** ごめん 고멘

☐ 05 **바보** アホ 아호

☐ 06 **지구** 地球 치큐-

☐ 07 **입 다물다** 黙る 다마루

표현

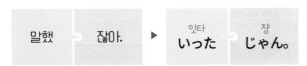

| 말했 | 잖아. | ▶ | 잇타 いった | 쟝 じゃん。 |

🔁 했·した 시타 | 만났·あった 앗타

| 언제 | 말했어? | ▶ | 이츠 いつ | 잇타? いった？ |

🔁 들었어?·きいた？ 키-타? | 만들었어?·つくった？ 츠쿳타?

이타이　바카
痛い！バカ！

아파! 바보야!

바캇테　잇타　야츠가　바카　난다　바카
バカって言ったやつがバカなんだ！バカ！

바보라고 말한 놈이 바보거든! 바보야!

오마에모　바캇테　잇타쟝　바카
お前もバカって言ったじゃん！バカ！

너도 바보라고 말했잖아! 바보야!

고멘네　바카
ごめんねバカ。

미안해바보야.

이ー요　바카
いいよバカ。

괜찮아 바보야.

아 호 카 ?
アホか？

바보냐?

아　코노마에　아홋테　이와나잇테　잇타쟝
あ！この前アホって言わないって言ったじゃん！

아! 얼마 전에 바보라고 말 안 한다고 말했잖아!

에 ? 이츠　잇타 ?
え？いつ言った？

음? 언제 말했어?

난가츠 난니치 난지 난분 난뵤ー　치큐ー가 난카이 마왓타 토키 ?
何月何日何時何分何秒、地球が何回回った時？

몇 월, 며칠, 몇 시, 몇 분, 몇 초, 지구가 몇 번 돌았을 때?

다마레
黙れ。

입 다물어.

☆과사전　**'빠가야로'가 아니에요**

'바보'를 의미하는 일본어는, 원래 간토 지방을 중심으로 「バカ(바카)」를 사용했고, 간사이 지방을 중심으로 「アホ(아호)」를 사용했지만, 최근에는 TV나 SNS의 영향으로 전국에서 둘 다 사용하게 되었습니다. 간사이 지방에서 '아호'는 귀여운 느낌의 바보라는 뉘앙스가 있지만, '바카'는 정말 심한 욕의 뉘앙스가 있어서, 간사이 지방 (특히 오사카) 사람에게 '바카'라고 하면 화를 낸다는 말도 있습니다. 오사카 사람에게는 농담이라도 '바카'라고 말하지 않도록 주의합시다.

⋒MP3 듣기

두고 보자!

おぼえてろよ！오보에테로요

단어

- □ 01 **맛 좀 봐라** くらえ 쿠라에
- □ 02 **폭탄** 爆弾（ばくだん） 바쿠단
- □ 03 **그만해** やめろ 야메로
- □ 04 **강하다** 強い（つよ） 츠요이
- □ 05 **에이씨, 제길 (강한 욕)** チクショー 치쿠쇼-
- □ 06 **너 (거친 표현)** お前（まえ） 오마에
- □ 07 **약하다** 弱い（よわ） 요와이
- □ 08 **이 자식** コノヤロー 코노야로-

표현

나	(의) 쪽이 더	▶	오레 おれ	노 호-가 のほうが

🔁 **저 · わたし** 와타시 ｜ **미국 · アメリカ** 아메리카

엄청나게	약하다.	▶	메챠쿠챠 めちゃくちゃ	요와이 よわい。

🔁 **빠르다. · はやい。** 하야이 ｜ **춥다. · さむい。** 사무이

쿠 라 에　웅코　바 쿠 단
くらえ！うんこ爆弾！！

맛 좀 봐라! 똥 폭탄!!

야 메 로　야 메 로
やめろ！やめろ！！

그만해! 그만해!!

도 - 다　오레노 호-가 츠요이다로
どうだ！俺の方が強いだろ！

어떠냐! 내 쪽이 더 강하지!

치 쿠 쇼 -　오 보 에 테 로 요
チクショー…覚えてろよ！

에이씨… 두고 보자!

헤 헹　　오마에 메챠쿠챠 요와이나
へへーん！お前めちゃくちゃ弱いな。

헤헷! 너 정말 약하구나.

코 노 야 로 -　쿄- 와 코 노 쿠라이니 시토이 테 야루
コノヤロー…今日はこのくらいにしといてやる！

이 자식… 오늘은 이 정도로 해두지!

나 니　잇텐다　코 노 야 루 -
何言ってんだコノヤロー！

무슨 말 하는 거냐 이 놈아!

에　　코　코레 와
え…！？こ…これは！！！！！

어…?이… 이것은!!!!!

쿠 라 에　노리콘시쿠노　샤 싱
くらえ！海苔キョンシクの写真！

맛 좀 봐라! 노리경식의 사진!

우 와 아 아 아 아 아 아　　　　시보 -
うわぁぁぁぁぁ！（死亡）

으아아아아아악!(사망)

쏯과사전　기억해라

「覚えてろよ(오보에테로요)」는 직역하면 '기억해라'인데, 위의 예문처럼 싸움에서 졌을 때 도망치면서 '두고 보자'라는 의미로도 사용합니다. '다음에 꼭 복수를 할 테니, 오늘 너의 행동을 후회하게 만들겠다'라는 의미가 있고, 실제 싸움 이외에도 애니메이션 캐릭터가 사용하거나, 학교 선생님이 차분한 목소리로 "너 오늘 지각했으니까 두고 보자"라고 경고를 하기도 합니다. 참고로 이건 정말 무서운 경고입니다.

싸우고 싶냐
이 자식아.

やんのかコノヤロー。 얀노카 코노야로-

🎧MP3 듣기

단어

☐ 01 **걷다** <ruby>歩<rt>ある</rt></ruby>く 아루쿠

☐ 02 **아프다** <ruby>痛<rt>いた</rt></ruby>い 이타이

☐ 03 **조심해라** <ruby>気<rt>き</rt></ruby>をつけろ 키오 츠케로

☐ 04 **일부러** わざと 와자토

☐ 05 **일부러 한 건 아니다** わざとじゃない 와자토쟈 나이

☐ 06 **하다 ('싸우다'라는 뜻도 있음)** やる 야루

☐ 07 **해볼까, 싸우고 싶냐** やんのか 얀노카

표현

어디(를)	보고	걷는 거야!	▶	도코(오)	미테	아루이텐다
				どこ(を)	みて	あるいてんだ！

🔄 운전하는 거야! · うんてんしてんだ！운텐시텐다 ┃ 던지는 거야! · なげてんだ！나게텐다

일부러	가 아니	잖아.	▶	와자토	쟈나이	다로(ㅡ)
				わざと	じゃない	だろ(う)。

🔄 이제 어린애 · もう こども 모- 코도모 ┃ 그런 이야기 · そんな はなし 손나 하나시

(어깨가 부딪히다)

_{아 스 미 마 셍}
あ、すみません！
아, 죄송합니다!

_{오 이 도 코 미 테 아루이텐 다}
おい！どこ見て歩いてんだ！
야! 어디 보고 걷는 거냐!
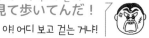

_{스 미 마 셍}
すみません…。
죄송합니다….

_{이 테 ― 나 코노야로 ― 키 오 츠 케 로}
痛えなコノヤロー！気を付けろ！
아프잖아! 이 자식아! 조심해라!

(어깨가 부딪히다)

_{오 이 이 테 ― 쟈 네 ― 카}
おい！痛えじゃねぇか。
야! 아프잖아.

_{난 다 토 ? 와 자 토 쟈 나 이 다 로}
なんだと？わざとじゃないだろ。
뭐라고? 일부러 그런 거 아니잖아.

_{얀 노 카 코 노 야 로 ―}
やんのかコノヤロー！
싸우고 싶냐 이 자식아!

_{얏 테 야 로 ― 쟈 네 ― 카 코 노 야 로 ―}
やってやろうじゃねぇかコノヤロー！！
싸워 주지 이 자식아!!

🖐과사전　**코노야로―**

일본의 불량배들이 싸울 땐 거의 다 말끝에 「コノヤロー(이 자식)」가 붙습니다. 위의 예문처럼 문장의 끝에 붙이는데, 화가 나서 흥분하면 '너 코노야로, 진짜 코노야로, 죽을래 코노야로' 이렇게 짧게 끊어서 붙이기도 합니다. 여러분 중에 일본어로 싸우는 말투를 써보고 싶은 분도 있겠죠? 한 가지 팁을 주자면, 문장의 시작을 모호하게 말하고 끝부분에 '코노야로'를 붙여 그걸 강조해 보세요. (※진짜 싸움 나도 책임 못 짐.)

🎧MP3 듣기

조심하세요.

きを つけて ください。 키오 츠케테 쿠다사이

단어

☐ 01	**시착하다, 입어 보다**	試着する	시챠쿠스루
☐ 02	**엑스라지(XL)**	エックスエル	엑쿠스에루
☐ 03	**뚱뚱하다, 살찌다**	太って(い)る	후톳테(이)루
☐ 04	**다음**	次	츠기
☐ 05	**조심하다**	気を付ける	키오 츠케루
☐ 06	**하이볼**	ハイボール	하이보–루
☐ 07	**주문**	注文	츄–몽
☐ 08	**확인**	確認	카쿠닌

표현

입어 봐도	돼요?	▶	시챠쿠 시테모 **しちゃくしても**	이–데스까? **いいですか。**

🔁 **만져도·さわっても** 사왓테모 | **버려도·すてても** 스테테모

벌써	다	마셨어요.	▶	모– **もう**	젬부 **ぜんぶ**	노미마시타 **のみました。**

🔁 **봤어요.·みました。** 미마시타 | **샀어요.·かいました。** 카이마시타

코 레　시챠쿠　시테모　이ー데스　까?
これ試着してもいいですか。
이거 입어 봐도 돼요?

하 이　사이즈와 에이토 엑쿠스에루데 요로시ー데스 까?
はい！サイズは8XLでよろしいですか。
네! 사이즈는 8XL로 괜찮으신가요?

하 ー?　와 타시가　손 나니　후톳테　미에마스 까?
はぁ？私がそんなに太って見えますか。
네? 제가 그렇게 뚱뚱해 보여요?

모ー 시 와 케　고 자 이 마 셍
申し訳ございません。
정말 죄송합니다.

세붕 엑쿠스에루데스!　츠 기카라 키 오 츠 케테 쿠 다 사 이
7XLです！次から気を付けてください。
7XL이에요! 다음부터 조심해 주세요.

스 미 마 셍　코 노　하 이 보ー루　츄ー몽　시 테 이 마 셍
すみません、このハイボール注文していません。
저기요, 이 하이볼 주문 안 했어요.

모ー 시 와 케　고 자 이 마 셍　카 쿠 닌 시 마 스
申し訳ございません！確認します。
정말 죄송합니다! 확인하겠습니다.

모ー 젬부　노 미 마 시 타　츠 기 카 라　키 오 츠 케테　쿠 다 사 이
もう全部飲みました。次から気を付けてください。
이미 다 마셨어요. 다음부터 조심해 주세요.

에
え…？
에…?

쏫과사전　옷 사이즈

일본의 옷 가게에서 M이나 XL 같은 옷의 사이즈 표기는 한국과 같지만, 읽는 방법이 달라서 한국인들이 일본에서 옷을 살 때 어렵다는 이야기가 많이 있습니다. 옷의 사이즈를 '스몰, 미디엄, 라지'가 아니라 'S(에스), M(에무), L(에루), XL(엑쿠스에루)'라고 읽습니다. 스타벅스에서는 'short(쇼-토), tall(토-루)' 등 단위를 말할 때 일본식 영어로 발음하므로, 이 부분을 기억하고 일본 여행을 가면 편리할 것입니다.

지금 바로
처리 부탁합니다.

いますぐ たいおうを おねがいします。

이마 스구 타이오−오 오네가이시마스

🎧 MP3 듣기

단어

☐ 01	**손님**	お客様/お客さん	오캬쿠사마/오캬쿠상
☐ 02	**이름**	(お)名前	(오)나마에
☐ 03	**예약**	予約	요야쿠
☐ 04	**제대로**	ちゃんと	챤토
☐ 05	**어플(app)**	アプリ	아푸리
☐ 06	**대응, 처리**	対応	타이오−
☐ 07	**싱글**	シングル	싱구루
☐ 08	**방**	部屋	헤야

표현

예약	이	없습니다.	▶	요야쿠 よやく	가 が	아리마셍 ありません。

🔄 **메시지** · メッセージ 멧세-지 | **안내** · あんない 안나이

처리(대응)	를	부탁해요.	▶	타이오− たいおう	오 を	오네가이 시마스 おねがいします。

🔄 **확인** · かくにん 카쿠닌 | **준비** · じゅんび 쥼비

오캬쿠사마노 오나마에데 요야쿠가 아리마셍
お客様のお名前で**予約**がありません。

고객님 성함으로 예약이 없습니다.

와타시와 챤토 아푸리데 요야쿠 시마시타
私はちゃんとアプリで**予約**しました。

저는 제대로 어플에서 예약했어요.

카쿠닌시마스
確認します。

확인하겠습니다.

이마 스구 타이오-오 오네가이시마스
今すぐ**対応**をお願いします。

지금 바로 처리를 부탁합니다.

쿠리코사마 싱구루노 오헤야 히토츠데 요로시-데쇼-까?
くりこ**様**。シングルのお部屋１つでよろしいでしょうか。

쿠리코 님. 싱글 방 한 개 맞으십니까?

에? 후타츠 요야쿠 시탄데스케도
え？２つ**予約**したんですけど…。

에? 누 개 예약했는데요….

시츠레- 이타시마시타 카쿠닌시마스
失礼いたしました。**確認**します。

실례했습니다. 확인하겠습니다.

코노 마마데와 노리콘시쿠 쿤토 오나지 헤야다
このままでは**海苔**キョンシク**君**と同じ部屋だ…。

이대로라면 노리경식 군과 같은 방이다….

소레와 타이헨데스네
それは**大変**ですね。

그것참 큰일이군요.

🌸**꽃과 사전**　**호텔 온천**

여러분이 일본 여행을 갈 때 개인적으로 호텔을 찾아 예약하는 경우라면, 꼭 「大浴場付き(큰 온천이 있는 곳)」에 가보세요. 일본은 전국 각지에 온천이 있어 료칸뿐만 아니라 비즈니스호텔에서도 천연 온천을 즐길 수 있는 곳이 많아서, 출장으로 비즈니스호텔을 갈 때도 「大浴場(다이요쿠죠-)」를 즐기는 일본인이 많습니다. 호텔 방의 욕조는 좁거나 냄새가 나서 신경 쓰는 사람도 있지만, 「大浴場」라면 큰 욕조에서 천천히 즐길 수 있어 여행의 피로도 풀 수 있습니다.

얕보는 거냐 인마!

なめてんのかコラ！ 나메텐노카 코라

🎧 MP3 듣기

단어

☐ 01 **얼굴**   顔 카오

☐ 02 **얕보다**   なめる 나메루

☐ 03 **인마**   コラ 코라

☐ 04 **거울**   鏡 카가미

☐ 05 **바깥**   表 오모테

☐ 06 **못생김**   ブサイク 부사이쿠

☐ 07 **눈알**   目玉 메다마

☐ 08 **저글링**   ジャグリング 쟈구링구

표현

| 사실 | (이)잖아?/(이)지? | ▶ | 지지츠 じじつ | 다로(-)? だろ(う)? |

🔁 **당연하 · あたりまえ** 아타리마에 ｜ **월급날 · きゅうりょうび** 큐-료-비

| 거울 | 보라. | ▶ | 카가미 かがみ | 미로 みろ。 |

🔁 **돈 내라. · かねだせ。** 카네 다세 ｜ **공부 해라. · べんきょう しろ。** 벵쿄- 시로

あ、海苔キョンシク！顔でか！
아, 노리경식! 얼굴 크네!

おいお前！なめてんのかコラ！
야 너! 얕보는 거냐 인마!

事実だろ！？鏡見ろ！
사실이잖아!? 거울 봐!

表に出ろ！
밖으로 나와!

くりこお前、調子乗るなよ。
쿠리코 너, 우쭐해하지 마라.

なめてんのかコラ！
얕보는 거냐 인마!

バーカ！ブサイク！
바~보! 못생겼어!

お前の目玉でジャグリングしてやろうか。
네 눈알로 저글링 해줄까?

大変申し訳ございません。
정말 죄송합니다.

笑과사전 ▶ 핥는 거냐?

「なめる(나메루)」라는 단어는 직역하면 '핥다(舐める)'이지만, 옛날에는 '무례하다(無礼)る'라는 의미로 사용했습니다. 지금은 그것이 유래가 되어 '상대방을 얕보다, 바보로 만들다, 능력이 없다고 놀리다'라는 의미로 쓰며, 윗사람에게 예의 없는 행동을 했을 때 「お前なめてんのか(오마에 나메텐노카; 너 얕보는 거냐?)」, 「なめてんじゃねーぞ(나메텐쟈네-조; 얕보지 마라)」라는 말을 듣기도 합니다.

MP3 듣기

헤어지자….

わかれよう…。 와카레요ー

단어

- ☐ 01 **데이트**   デート 데ー토
- ☐ 02 **약속**   約束 야쿠소쿠
- ☐ 03 **일**   仕事 시고토
- ☐ 04 **일(업무)이 생기다**   仕事が入る 시고토가 하이루
- ☐ 05 **사축 (비꼬는 말)**   社畜 샤치쿠
- ☐ 06 **다르다**   違う 치가우
- ☐ 07 **바꾸다**   変える 카에루

표현

| 어느 쪽이 | 중요해? | ▶ | 돗치가
どっちが | 다이지?
だいじ？ |

🔁 **좋아?** · すき？ 스키？ | **맞아?(옳아?)** · ただしい？ 타다시ー？

| 다르 | 죠? (확인/동의) | ▶ | 치가우
ちがう | 데쇼ー?
でしょう？ |

🔁 **올거** · くる 쿠루 | **할거** · する 스루

쿄-와 데-토니 이쿳테 야쿠소쿠 시타요네?
今日はデートに行くって約束したよね？

오늘은 데이트하러 가자고 약속했지?

고 멘 시고토가 하잇테
ごめん、仕事が入って。

미안, 일이 생겨서.

시고토토 와타시 · 돗 치 가 다 이 지 나 노 ?
仕事と私、どっちが大事なの？

일이랑 나, 어느 쪽이 중요해?

시고토
仕事。

일.

샤 치 쿠 나 노 ?
社畜なの？

사축이야?

쿄-노 와타시 나니가 치가우데쇼-?
今日の私何が違うでしょう？

오늘 저 뭐가 다르죠?

메 이 쿠 카 에 타 ?
メイク変えた？

화장 바꿨어?

치가우 바 카 쵸-나이센죠- 시타노
違う！バカ！腸内洗浄したの。

아니야! 바보야! 장세척 했거든.

와 카 루 까
分かるか！！！

알 리가 있냐!!!

쏯과사전 ▶ **사축**

「社畜(샤치쿠)」는 일본에서 몇 년 전부터 많이 쓰이게 된 말입니다. 근무하고 있는 회사에 길들여져 노예처럼 되어 버린 직원을 비꼬는 말로 사용됩니다. 타인을 보며 '저 사람은 사축이다'라고 말하기도 하지만, 스스로 '나는 사축이니까…'라고 자조적으로 말하기도 합니다. 가벼운 의미로 말하는 사람도 있기 때문에, 일본인과 대화하다가 '나는 사축이야'라는 말을 들어도 꼭 불쌍하게 보지 않아도 됩니다. 비슷한 표현으로 아르바이트를 노예처럼 하는 사람을 비꼬는 「バ畜(바치쿠)」라는 말도 있습니다.

18

이런
바람둥이!

この うわきもの！ 코노 우와키모노

🎧MP3 듣기

단어

□ 01 **바람** 　　　　　　　　　 浮気 우와키

□ 02 **무심결에, 그만** 　　　　 つい 츠이

□ 03 **어쩌다 생긴 잘못된 생각** 出来心 데키고코로

□ 04 **믿다** 　　　　　　　　　 信じる 신지루

□ 05 **이제 됐어** 　　　　　　　 もういい 모─이─

□ 06 **헤어지다** 　　　　　　　 別れる 와카레루

□ 07 **절대** 　　　　　　　　　 絶対 젯타이

□ 08 **누구** 　　　　　　　　　 誰 다레

□ 09 **매달다** 　　　　　　　　 吊るす 츠루스

표현

| 믿고 | 있었는데! | ▶ | 신지테 しんじて | 타노니 たのに！ |

🔄 **기대하고・きたいして** 키타이시테 ┃ **잠자코(입 다물고)・だまって** 다맛테

| 절대 | 하지 않을 | 테니까. | ▶ | 젯타이 ぜったい | 시나이 しない | 카라 から。|

🔄 **잊지 않을・わすれない** 와스레나이 ┃ **지지 않을・まけない** 마케나이

난 데 우 와 키 시 타 노?
何で浮気したの？
왜 바람 피웠어?

고 멘 츠이 데키고코로데
ごめん、つい出来心で…。
미안. 무심결에 (어쩌다 생긴) 잘못된 생각으로….

신 지 테 타 노 니 모 - 이 - 와 카 레 요 -
信じてたのに！もういい、別れよう。
믿었는데! 됐어, 헤어져.

고 멘 모 - 젯타이 시 나 이 카 라
ごめん、もう絶対しないから！！
미안해, 이제 절대 안 할 테니까!!

노 리 콘 시 쿠 쿤 소 노 코 다 레?
海苔キョンシク君、その子、誰？
노리경식 군, 이 아이 누구야?

키 - 테 쿠 리 코
聞いて！くりこ…。
들어봐! 쿠리코….

코 노 우 와 키 모 노 후 타 리 마 토 메 테 토 - 쿄 - 타 와 - 니 츠 루 시 테 야 루
この浮気者！2人まとめて東京タワーに吊るしてやる！
이 바람둥이! 둘이 묶어서 도쿄 타워에 매달아 주지!

오 레 노 오 토 - 상 다 요
俺のお父さんだよ。
내 아빠야.

오 토 - 사 마 콘 니 치 와
お父様、こんにちは。
아버님, 안녕하세요.

쑝과사전 　사랑과 전쟁

일본에는 불건전한 연애 관계를 표현하는 말로 「不倫(ふりん, 불륜)」과 「浮気(うわき, 바람)」가 있습니다. 「不倫」은 기혼자가 배우자 이외의 사람과 육체적인 관계를 갖는 것이고, 「浮気」는 혼인이나 육체적인 관계의 유무와 상관없이 자신의 파트너가 아닌 사람과 데이트하거나 그 사람에게 호의를 가지고 연락하는 것을 말합니다. 「浮気者(우와키모노; 바람둥이)」는 바람을 피운 사람, 또는 바람을 피우는 버릇이 있는 사람에게 쓰는 말로 예문과 같이 '내 남자 친구는 「浮気者」라서 고민이에요'처럼 사용합니다.

따귀 맞을 확률 98%

나보고
어쩌라는 거야.

🎧MP3 듣기

どうしろっていうんだ。 도-시롯테 이운다

단어

☐ 01 **어릴 적** 子供のころ 코도모노 코로

☐ 02 **머리** 頭 아타마

☐ 03 **크다** 大きい 오-키-

☐ 04 **수박** スイカ 스이카

☐ 05 **불쌍함, 불쌍해** かわいそう 카와이소-

☐ 06 **모델** モデル 모데루

☐ 07 **현실** 現実 겐지츠

☐ 08 **수류탄** 手榴弾 슈류-단

표현

| 왜 | 이렇게 | 큰 | 거야? | ▶ | 난데
なんで | 콘나니
こんなに | 오-키-
おおきい | 노?
の？ |

🔄 **느린・おそい** 오소이 | **귀여운・かわいい** 카와이-

| 모델 | 이었다면 | 좋을 텐데. | ▶ | 모데루
モデル | 닷타라
だったら | 이-노니
いいのに。 |

🔄 **부자・おかねもち** 오카네모치 | **마법사・まほうつかい** 마호-츠카이

コレ ノリ 콘 시 쿠 쿤 노 코 도 모 노 코 로 노 샤 싱?
これ海苔キョンシク君の子供のころの写真？

난 데 콘 나 니 아 타 마 가 오 ― 키 ― 노?
何でこんなに頭が大きいの…！？

이거 노리경식 군 어릴 때 사진이야? 왜 이렇게 머리가 큰 거야…!?

도 ― 시 롯 테 이 운 다
どうしろっていうんだ…。

어쩌라는 거야….

스 이 카 미 타 이 카 와 이 소 ―
スイカみたい…かわいそう。

수박 같아… 불쌍해.

아 코 레 와 오 레 노 오 토 ― 상 다
あ、これは俺のお父さんだ。

아, 이건 내 아빠야.

오 토 ― 사 마 콘 니 치 와
お父様。こんにちは。

아버님, 안녕하세요.

아 ― 쿠 리 코 가 모 데 루 닷 타 라 이 ― 노 니
あぁ、くりこがモデルだったらいいのに…。

아, 쿠리코가 모델이었다면 좋을 텐데….

도 ― 시 롯 테 이 우 노
どうしろっていうの。

어쩌라는 거야. (＊여자들이 사용하는 말투)

데 모 겐 지 츠 와 아 ―
でも現実は…あぁ…。

근데 현실은… 아….

쵸 ― 토 슈 류 ― 단 캇 테 쿠 루
ちょっと手榴弾買ってくる。

잠깐 수류탄 사 올게.

 쑛과사전 **어쩌라고**

「どうしろっていうんだ(도-시롯테이운다)는 더 이상 할 대꾸가 없을 때 쓰는 말이며 한국어 '어쩌라고'와 비슷한 느낌입니다. 정색하는 느낌이 있어 예의가 없는 표현이므로 윗사람에게는 거의 사용하지 않고, 주로 커플이나 친구, 가족끼리 싸울 때 사용합니다. 비슷한 표현으로 「どうしろと(도-시로토)」만 쓰는 경우도 있고, 「だから何？(다카라 나니?; 그래서 뭐?)」라고 반문할 수도 있습니다.

왜 전화를 안 받아?

⌂MP3 듣기

なんで でんわに でないの？ 난데 뎅와니 데나이노?

단어

- ☐ 01 **하루 종일** 一日中 이치니치 쥬−
- ☐ 02 **로맨틱함, 로맨틱해** ロマンチック 로만칙쿠
- ☐ 03 **전화를 받다** 電話に出る 뎅와니 데루
- ☐ 04 **술자리, 회식** 飲み会 노미카이
- ☐ 05 **스마트폰** スマホ 스마호
- ☐ 06 **전화를 받다** 電話を取る 뎅와오 토루
- ☐ 07 **선배** 先輩 센파이
- ☐ 08 **눈** 目 메

표현

왜	전화를 받지	않아?	▶	난데 **なんで**	뎅와니 데 **でんわにで**	나이? **ない？**

🔁 **연락해 주지 · れんらくしてくれ** 렌라쿠시테쿠레 | **대답해 주지 · こたえてくれ** 코타에테쿠레

~할 때는	볼 수	없어.	▶	~토키와 **~ときは**	미(라)레 **見(ら)れ**	나이. **ない。**

🔁 **먹을 수 · たべ(ら)れ** 타베(라)레 | **잘 수 · ね(ら)れ** 네(라)레

쿄 - 나니 시테타?
今日何してた？

오늘 뭐 했어?

이치니치쥬- 키미노 코토 캉가에테타
一日中君のこと考えてた。

하루 종일 네 생각 했어.

캬 - 로 만 칙 쿠
キャー♡ロマンチック！

꺅~♡ 로맨틱해!

아 이 시 테 루 요 　 나 미 코
愛してるよ、なみこ。

사랑해, 나미코.

와 타 시 쿠 리 코 다 케 도?
私くりこだけど？

나 쿠리코 거든?

난 데 뎅 와 니 데 나 이 노?
何で電話に出ないの？

왜 전화를 안 받아?

노 미 카 이 노 토 키 와 스 마 호 오 미 레 나 이 노
飲み会の時はスマホを見れないの。

술자리에선 스마트폰을 못 봐.

뎅 와 구 라 이 토 레 루 데 쇼
電話ぐらい取れるでしょ！？

전화 정도는 받을 수 있지!?

센 파 이 노 메 가 아 룬 다 요
先輩の目があるんだよ！

선배의 눈이 있잖아!

쑛과사전 **연락이 적은 일본인**

일본인이 연락이 적다는 것은 유명한 이야기입니다. 그 이유 중 하나는 회사 동료나 친구와 있을 때 개인적인 연락을 하면 왠지 불편하기 때문이에요. 또한 일할 때 개인적인 연락을 하는 것이 금지되어 있는 회사도 많습니다. 선배나 친구와의 술자리에서 스마트폰을 만지거나 전화를 받는 것도 좋아하지 않는 경우가 많습니다. 그렇기 때문에 연애를 막 시작한 대부분의 한일 커플이 연락 때문에 고민을 많이 합니다. 이럴 땐 솔직하게 불만을 털어놓고 대화하는 것이 중요합니다.

시바시바
공부하는
일본어

· 현지편 ·

여행

りょこう
旅行

와이파이
있나요?

Wi-Fi ありますか。 와이화이 아리마<u>스</u>까?

MP3 듣기

단어

- [ ] 01 **와이파이(Wi-Fi)** ワイファイ 와이화이
- [ ] 02 **시대** 時代(じだい) 지다이
- [ ] 03 **이쪽입니다** こちらです 코치라데스
- [ ] 04 **비밀번호** パスワード 파스와―도
- [ ] 05 **가르치다, 알리다** 教(おし)える 오시에루
- [ ] 06 **대문자** 大文字(おおもじ) 오―모지
- [ ] 07 **소문자** 小文字(こもじ) 코모지

표현

| 와이파이 | 라는 건 | 뭐예요? | ▶ | 와이화이 ワイファイ | (웃)떼 って | 난데스까? なんですか。 |

🔁 **비행기 · ひこうき** 히코―키 | **안경 · メガネ** 메가네

| 가르쳐 | 주세요. | ▶ | 오시에테 おしえて | 쿠다사이 ください。 |

🔁 **기다려 · まって** 맛테 | **써(적어) · かいて** 카이테

스 미 마 셍　와 이 화 이　아 리 마 스 까 ?
すみません。Wi-Fiありますか。

저기요. 와이파이 있나요?

에 ?　와 이 화 잇 떼　난 데 스 까 ?
え？Wi-Fiって何ですか。

에? 와이파이가 뭔가요?

코 노　지 다 이 니　와 이 화 이 오　시 라 나 이　히 토 가　이 루 노 ? 바 카 나 노 ?
この時代にWi-Fiを知らない人がいるの？バカなの？

이 시대에 와이파이를 모르는 사람이 있다고? 바보인가?

와 타 시 와　아 나 타 노　카 레 시 노　치 치 데 스
私はあなたの彼氏の父です。

저는 당신 남자 친구의 아빠입니다.

오 토 - 사 마　콘 니 치 와
お父様、こんにちは。

아버님, 안녕하세요.

와 이 화 이 와　코 치 라 데 스
Wi-Fiはこちらです。

와이파이는 이쪽입니다.

파 스 와 - 도 오　오 시 에 테　쿠 다 사 이
パスワードを教えてください。

비밀번호를 알려 주세요.

하 이　코 코 니 아 리 마 스
はい。ここにあります。

네. 여기 있습니다.

케 - 와　오 - 모 지 데 스 까 ? 코 모 지 데 스 까 ?
Kは大文字ですか、小文字ですか。

K는 대문자예요? 소문자예요?

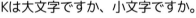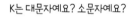

오 - 모 지 데 스
大文字です。

대문자예요.

🌸과사전　**일본 스타벅스 꿀팁**

일본 여행을 가보신 분들은 한국에 비해 와이파이가 많지 않아서 놀라셨을 거예요. 유심이나 포켓 와이파이를 대여하지 않은 사람은 와이파이가 무조건 있는 스타벅스(スターバックス; 스타바)에 자주 가실 텐데요, 일본의 스타벅스는 영수증에 음료 리필 쿠폰이 대부분 붙어 있습니다. 당일 구매한 영수증을 가지고 계산대에 가면 블랙커피를 절반 가격 이하로 마실 수 있습니다. 오랜 시간 카페에서 와이파이를 사용하실 분은 잘 활용해 보세요.

여행객처럼 보일 확률 40%

OO은 어디에서
살 수 있나요?

🎧MP3 듣기

OO는 どこで かえますか。 OO와 도코데 카에마스까?

단어

☐ 01 **모자** 　　　　　　　　帽子 ^{ぼう し} 보ー시

☐ 02 **백화점** 　　　　　　　デパート 데파ー토

☐ 03 **~층** 　　　　　　　　～階 ^{かい} ~카이

☐ 04 **굿즈, 상품** 　　　　　グッズ 굿즈

☐ 05 **선물(여행에서 산 기념품)** お土産 ^{み やげ} 오미야게

☐ 06 **판매장** 　　　　　　　売り場 ^{う ば} 우리바

☐ 07 **덧붙여서, 참고로** 　　ちなみに 치나미니

☐ 08 **품절, 매진** 　　　　　売り切れ ^{う き} 우리키레

표현

| 어디에서 | 살 수 | 있어요? | ▶ | 도코데
どこで | 카에
かえ | 마스까?
ますか。 |

🔄 **만날 수 · あえ 아에 | 탈수 · のれ 노레**

| 3층 | 에 | 있어요. | ▶ | 상가이
さんがい | 니
に | 아리마스
あります。 |

🔄 **안(속) · なか 나카 | 뒤 · うしろ 우시로**

스 미 마 셍   보 - 시 와   도 코 데   카 에 마 스 까 ?
すみません。帽子はどこで買えますか。

저기요. 모자는 어디에서 살 수 있나요?

아 소 코 노   데 파 - 토 노   상 가 이 니   아 리 마 스 요
あそこのデパートの3階にありますよ。

저쪽의 백화점 3층에 있습니다.

아 리 가 토 - 고 자 이 마 스
ありがとうございます！

감사합니다!

스 미 마 셍   포 케 몬   굿 즈 와   도 코 데   카 에 마 스 까 ?
すみません、ポケモングッズはどこで買えますか。

저기요, 포켓몬 상품은 어디에서 살 수 있나요?

하 카 타   에 키 노   오 미 야 게   우 리 바 니   아 리 마 스 요
博多駅のお土産売り場にありますよ。

하카타역의 선물 판매장에 있습니다.

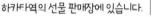

치 나 미 니   아 나 타 노   코 코 로 와   도 코 데   카 에 마 스 까 ?
ちなみにあなたの心はどこで買えますか。

참고로 당신의 마음은 어디에서 살 수 있나요?

스 미 마 셍 가   우 리 키 레 데 스
すみませんが売り切れです。

미안하지만 품절이에요.

잔 넨 데 스 네
残念ですね。

아쉽네요.

 쿠과사전 **지역별 선물**

일본은 지역마다 특산물이 명확히 나누어져 있고, 역이나 공항에 그 지역의 음식과 과자 등 기념품이 있습니다. 또한 지역별 특산물과 콜라보한 캐릭터 상품도 인기가 있는데, 예를 들어 홋카이도의 마리모 키티, 가고시마의 흑돼지 키티, 오사카의 타코야키 키티 등이 있습니다. 프링글스 같은 과자도 현(県)마다 맛이 다른 게 있으니 꼭 사 먹어 보시기 바랍니다. 참고로 쿠리코 센세가 좋아하는 것은 시모노세키의 복어 키티입니다.

유명한 가게를 알려 주세요.

🎧 MP3 듣기

ゆうめいな みせを おしえてください。

유-메-나 미세오 오시에테 쿠다사이

단어

□ 01 **모츠나베 (곱창전골)**   もつ鍋<small>なべ</small> 모츠나베

□ 02 **유명**   有名<small>ゆうめい</small> 유-메-

□ 03 **이 근처**   この辺<small>あたり</small> 코노 아타리

□ 04 **역 앞**   駅前<small>えきまえ</small> 에키마에

□ 05 **오마카세 (주방장 특선)**   おまかせ 오마카세

□ 06 **점장**   店長<small>てんちょう</small> 텐쿄-

□ 07 **애교**   愛嬌<small>あいきょう</small> 아이쿄-

□ 08 **절대**   絶対<small>ぜったい</small> 젯타이

표현

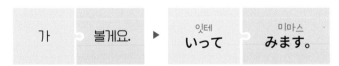

| 가 | 볼게요. | ▶ | 잇테 いって | 미마스 みます。 |

🔄 **먹어·たべて** 타베테 ┃ **읽어·よんで** 욘데

| 이 가게 | 는 | 어때요? | ▶ | 코노 미세 このみせ | 와 は | 도-데스까? どうですか。 |

🔄 **일식·わしょく** 와쇼쿠 ┃ **금요일·きんようび** 킹요-비

스 미 마 셍
すみません。

모 츠 나 베 가 유 ― 메 ― 나 오 미 세 오 오 시 에 테 쿠 다 사 이
もつ鍋が有名なお店を教えてください。

저기요. 모츠나베가 유명한 가게를 알려 주세요.

모 츠 야 마 가 오 스 스 메 데 스
「もつ山」がオススメです。

'모츠야마'를 추천합니다.

아 리 가 토 ― 고 자 이 마 스 　 잇 테 미 마 스
ありがとうございます。行ってみます。

감사합니다. 가 볼게요.

스 미 마 셍 　 코 노 아 타 리 데 유 ― 메 ― 나 오 미 세 오 오 시 에 테 쿠 다 사 이
すみません、この辺で有名なお店を教えてください。

저기요, 이 근처에서 유명한 가게를 알려 주세요.

에 키 마 에 노 ' 오 마 카 세 　 노 리 콘 시 쿠 '
駅前の「おまかせ海苔キョンシク」

토 이 우 오 미 세 와 도 ― 데 스 까 ?
というお店はどうですか。

역 앞의 '오마카세 노리경식'이라는 가게는 어떠세요?

돈 나 　 오 미 세 데 스 까 ?
どんなお店ですか。

어떤 가게예요?

텐 쵸 ― 가 아 이 쿄 ― 오 미 세 테 쿠 레 룬 데 스
店長が愛嬌を見せてくれるんです。

점장이 애교를 보여준답니다.

젯 타 이 　 이 키 마 셍
絶対行きません。

절대 안 가요.

 꽃과사전 ▶ **오마카세**

요즘 한국에서 오마카세 요리가 인기죠? 일본에서도 손님이 주문할 음식을 점장에게 자유롭게 맡기는 '오늘의 오마카세'나 '코스 요리'가 인기입니다. 이와 같이 특별한 메뉴로 「まかない飯(마카나이 메시)」가 있습니다. 메뉴판에는 없지만 점장이 직원들을 위해 간단히 만든 음식인데, 이걸 아르바이트생들이 SNS에 올린 후 실제 메뉴로 나와 엄청나게 인기를 끈 것도 있습니다. 「まかないめし」라는 이름으로 판매하는 가게도 있으니, 일본에 가면 꼭 찾아서 먹어 보세요.

24

카드는
쓸 수 있나요?

∩MP3 듣기

カードは つかえますか。 카ー도와 츠카에마스까?

단어

- ☐ 01 **계산** 支払い 시하라이
- ☐ 02 **카드** カード 카ー도
- ☐ 03 **일시불** 一括 잇카츠
- ☐ 04 **~회(개월) 할부** ～回払い ~카이 바라이
- ☐ 05 **현금** 現金 겡킹
- ☐ 06 **~만, ~뿐** ～のみ ~노미
- ☐ 07 **다시, 또** また 마타
- ☐ 08 **다음에** 今度 콘도

표현

| 200엔 | 인데. | ▶ | 니햐쿠엔
にひゃくえん | 나노니
なのに。 |

🔄 꽃미남 · イケメン 이케멘 | 주말 · しゅうまつ 슈-마츠

| 현금 | 이 | 없어서. | ▶ | 겡킹
げんきん | 가
が | 나이노데
ないので。 |

🔄 힘(기운) · げんき 겡키 | 신용 · しんよう 싱요-

오 시 하 라 이 와 도 - 사 레 마 스 까 ?
お支払いはどうされますか。

계산은 어떻게 하시겠습니까?

카 - 도 와 츠 카 에 마 스 까 ?
カードは使えますか。

카드는 쓸 수 있나요?

하 이 잇 카 츠 (바 라 이) 데 스 까 ? 붕 카 츠 (바 라 이) 데 스 까 ?
はい。一括(払い)ですか、分割(払い)ですか。

네. 일시불인가요? 할부인가요?

니 햐 쿠 고 쥰 카 이 바 라 이 데 오 네 가 이 시 마 스
250回払いでお願いします。

250회 할부로 부탁드립니다.

니 햐 쿠 엔 나 노 니 ?
200円なのに！？

200엔인데!?

스 미 마 셍 카 - 도 와 츠 카 에 마 스 까 ?
すみません、カードは使えますか。

저기요, 카드는 쓸 수 있나요?

노 - 시 와 케 아 리 마 셍 가 겡 킹 노 미 데 스
申し訳ありませんが、現金のみです。

죄송하지만, 현금만 됩니다.

와 카 리 마 시 타
分かりました。

알겠습니다.

이 마 겡 킹 가 나 이 노 데 마 타 콘 도 카 이 마 스
今現金がないのでまた今度買います。

지금 현금이 없어서 다음에 다시 살게요.

일본의 현금 문화

최근 일본에선 현금 대신 전자 결제나 카드의 사용이 많아지고 있고, 한국과 마찬가지로 현금을 사용할 수 없는 버스도 생겼습니다. 일본을 찾는 외국인들도 현금보단 '알리페이', '라인페이' 등의 앱 결제나 신용 카드 결제를 많이 이용한다고 합니다. 일본에서 가장 많이 사용되고 있는 전자 결제는 '페이페이'인데, 결제 시 받을 수 있는 포인트가 많아서 많은 세대에게 사용되고 있습니다. (쿠리코 센세의 가족들도 모두 페이페이를 사용합니다.)

25

환전
가능한가요?

🎧MP3 듣기

りょうがえ できますか。 료−가에 데키마스까?

단어

□ 01 **환전** 両替 료−가에

□ 02 **사절하다** 断る 코토와루

□ 03 **근처** 近く 치카쿠

□ 04 **만 엔권** 一万円札 이치망엔사츠

□ 05 **천 엔권** 千円札 셍엔사츠

□ 06 **~장, ~매** 〜枚 〜마이

□ 07 **주머니** ポケット 포켓토

□ 08 **들키다** バレる 바레루

표현

환전	할 수 있는	곳	▶	료−가에 りょうがえ	데키루 できる	토코로 ところ

🔄 충전(배터리) · じゅうでん 쥬-뎅 | 충전(배터리, 선불식 카드 모두) · チャージ 챠-지

만 엔권	밖에	없다.	▶	이치망엔사츠 いちまんえんさつ	시카 しか	나이 ない。

🔄 의욕 · やるき 야루키 | 성욕 · せいよく 세-요쿠

스 미 마 셍　료 ─ 가 에 데 키 마 스 까 ?
すみません。両替できますか。

실례합니다. 환전할 수 있나요?

료 ─ 가 에 와　오 코 토 와 리　시 테　이 마 스
両替はお断りしています。

환전은 사절하고 있습니다.

치 카 쿠 니　료 ─ 가 에　데 키 루　토 코 로 와　아 리 마 스 까 ?
近くに両替できるところはありますか。

근처에 환전할 수 있는 곳은 있어요?

토 나 리 노　게 ─ 무 센 타 ─ 니　료 ─ 가 에 키 가　아 리 마 스 요
隣のゲームセンターに両替機がありますよ。

옆 게임 센터에 환전기가 있습니다.

이 치 망 엔 사 츠　시 카　나 이 노 데 스 가　료 ─ 가 에　데 키 마 스 까 ?
一万円札しかないのですが、両替できますか。

만 엔권밖에 없는데요, 환전할 수 있나요?

하 이　　셍 엔 사 츠　로 쿠 마 이 데 스
はい。千円札6枚です。

네, 천 엔권 6장입니다.

욘 셍 엔　포 켓 토 니　이 레 마 시 타 ?
4,000円ポケットに入れました？

4,000엔 주머니에 넣었어요?

야 바 이　　바 레 타
ヤバい、バレた。

큰일이다, 들켰네.

🌸**과사전**　　**환전**

일본에서 환전기는 은행 외에도 오락실이나 버스 터미널에도 있습니다. 가끔 「両替お断り(환전 사절)」라고 써놓은 편의점이나 슈퍼도 있는데, 그 이유는 위조지폐를 미리 방지하려는 것도 있고, 동전이나 지폐가 부족했을 때 문제가 될 수 있어 아예 환전을 하지 않는 것이라고 합니다. 일본에서 시골의 작은 가게에 가거나 인력거를 탈 때는 거의 현금으로 주고받기 때문에 미리 잔돈을 준비해 가는 것을 추천합니다.

방을
바꿔 주시지 않을래요?

🎧MP3 듣기

へやを かえて くれませんか。 헤야오 카에테 쿠레마셍까?

단어

□ 01 **~호실**　　　　　　〜号室 ~고—시츠

□ 02 **방**　　　　　　部屋 헤야

□ 03 **시끄럽다**　　　　　　うるさい 우루사이

□ 04 **울다**　　　　　　泣く 나쿠

□ 05 **오늘 (격식 차린 말)**　　　　本日 혼지츠

□ 06 **만실**　　　　　　満室 만시츠

□ 07 **변경**　　　　　　変更 헹코—

□ 08 **어렵다**　　　　　　難しい 무즈카시—

표현

| 바로 | 확인 | 하겠습니다. | ▶ | 스구
すぐ | 카쿠닌
かくにん | 이타시마스
いたします。 |

🔁 **연락·れんらく** 렌라쿠 ｜ **안내·あんない** 안나이

| 바꿔 | 주지 | 않을래요? | ▶ | 카에테
かえて | 쿠레
くれ | 마셍까?
ませんか。 |

🔁 **소개해·しょうかいして** 쇼—카이시테 ｜ **사·かって** 캇테

모시모시 센니 고-시츠데스
もしもし、1002号室です。

토나리노 헤야가 우루사이노데스가
隣の部屋がうるさいのですが。

여보세요, 1002호입니다. 옆방이 시끄러운데요….

모-시와케 고자이마셍 스구 카쿠닌 이타시마스
申し訳ございません。すぐ確認いたします！

죄송합니다. 바로 확인하겠습니다!

다레카가 즛토 나이테 이룬데스
誰かがずっと泣いているんです。

누군가가 계속 울고 있어요.

아 오캬쿠사마노 토나리노 오헤야와 다레모 이마셍가
あ、お客様の隣のお部屋は誰もいませんが…。

아, 손님의 옆방엔 아무도 없는데요….

아레? 헤야카라 구란도캬니온가 미에마셍네
あれ？部屋からグランドキャニオンが見えませんね…。

어라? 방에서 그랜드 캐니언이 안 보이네요….

오캬쿠사마 코코와 니혼데스
お客様、ここは日本です。

손님, 여긴 일본입니다.

모시 요캇타라 헤야오 카에테 쿠레마셍까?
もしよかったら、部屋を変えてくれませんか。

혹시 괜찮다면 방을 바꿔 주시지 않을래요?

모-시와케 고자이마셍
申し訳ございません。

혼지츠와 만시츠데 오헤야노 헹코-가 무즈카시-데스
本日は満室でお部屋の変更が難しいです。

죄송합니다. 오늘은 만실이라 방 변경이 어렵습니다.

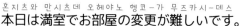

🖐과사전 **호텔 연박**

호텔에서 연박할 때 청소 서비스를 요청할 때가 있죠? 최근 일본 SNS에서, 인형을 방에 두었더니 호텔 청소부가 그 인형을 귀엽게 진열해 놓은 사진이 화제가 되었습니다. 인형이 료칸 의자에 앉아 있거나, 침대에 누워있거나, 수건으로 만든 펭귄과 손을 잡고 있는 것처럼 귀여운 포즈로 진열되어 있었다고 합니다. 호텔 직원 중에 이렇게 '오모테나시(극진한 대접)'에 진심인 사람도 있으므로, 일본의 호텔에서 인형을 두고 연박하는 사람은 조금 기대해 봐도 좋습니다.

인력거를
타고 싶은데요.

🎧MP3 듣기

じんりきしゃに のりたいんですが。 진리키샤니 노리타인데스가

단어

□ 01 **인력거** 　　　　　　　人力車 진리키샤

□ 02 **(탈것)을 타다** 　　　　　〜に乗る 〜니 노루

□ 03 **얼마예요?** 　　　　　　　いくらですか 이쿠라데스까?

□ 04 **원숭이** 　　　　　　　　サル 사루

□ 05 **신청** 　　　　　　　　　申し込み 모-시코미

□ 06 **홈페이지** 　　　　　　　ホームページ 호-무페-지

□ 07 **그런데, 그건 그렇고** 　　ところで 토코로데

□ 08 **어느 분, 누구 (공손한 말)** 　どなた 도나타

표현

| 어떻게 | 하면 | 돼? | ▶ | 도-
どう | 시타라
したら | 이-?
いい？ |

🔄 **전하면 · つたえたら** 츠타에타라 ｜ **사용하면 · つかったら** 츠캇타라

| 보고 | 싶은 | 데요. | ▶ | 미
み | 타인
たいん | 데스가
ですが。 |

🔄 **춤추고 · おどり** 오도리 ｜ **예약하고 · よやくし** 요야쿠시

현지편 · 여행

스 미 마 셍
すみません。

실례합니다.

진 리 키 샤 니 　 노 리 타 인 데 스 가 　 　 도 - 시 타 라 　 이 - 데 스 까 ?
人力車に乗りたいんですが、どうしたらいいですか。

인력거를 타고 싶은데 어떻게 하면 될까요?

코 코 데 　 노 레 마 스 요
ここで乗れますよ。

여기에서 탈 수 있어요.

쟈 - 　 　 오 네 가 이 시 마 스 　 　 이 쿠 라 데 스 까 ?
じゃぁ、お願いします。いくらですか。

그럼, 부탁드립니다. 얼마입니까?

셍 고 햐 쿠 엔 데 스
1,500円です。

1500엔입니다.

아 시 타 　 사 루 노 　 쇼 - 오 　 미 타 인 데 스 가
明日サルのショーを見たいんですが、

도 - 얏 타 라 　 모 - 시 코 미 　 데 키 마 스 까 ?
どうやったら申し込みできますか。

내일 원숭이 쇼를 보고 싶은데, 어떻게 하면 신청할 수 있나요?

코 노 　 호 - 무 페 - 지 카 라 　 요 야 쿠 　 데 키 마 스
このホームページから予約できます。

이 홈페이지에서 예약할 수 있어요.

아 　 아 리 가 토 - 고 자 이 마 스 　 　 토 코 로 데 　 도 나 타 데 스 까 ?
あ、ありがとうございます。ところでどなたですか。

아, 감사합니다. 그런데 누구십니까?

콘 니 치 와 　 　 사 루 토 　 모 - 시 마 스
こんにちは。サルと申します。

안녕하세요. 원숭이라고 합니다.

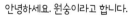

筑과사전 **인력거**

일본풍의 거리가 있는 관광지(절, 옛날 성이 있던 거리, 온천 지역 등)에는 대부분 인력거가 있습니다. 참고로 도쿄의 아사쿠사 지역을 중심으로 탈 수 있는 「東京力車(도쿄리키샤)」는 잘생기고 체격도 좋고 재미있는 사람이 몰아주는 인력거로 유명합니다. 일본 전통 의상을 입은 사람이 끌어주며 천천히 거리를 구경할 수 있는 복고풍 인력거는 외국인에게 인기가 많습니다. 인력거를 타면서 일본어로 대화하는 것도 재미있으니 일본 여행 갔을 때 꼭 체험해 보세요.

사진을 찍어도 될까요?

MP3 듣기

しゃしんを とっても いいですか。 샤싱오 톳테모 이-데스까?

단어

- □ 01 **곰**   熊 쿠마
- □ 02 **줄**   列 레츠
- □ 03 **줄을 서다**   並ぶ 나라부
- □ 04 **대인기**   大人気 다이닌키
- □ 05 **닮다, 비슷하다**   似てる 니테루
- □ 06 **나중에**   後で 아토데
- □ 07 **돈**   お金 오카네
- □ 08 **(돈을) 이체하다**   振り込む 후리코무

표현

| 찍어도 | 될 | 까요? | ▶ | 톳테모 とっても | 이- いい | 데스까? ですか。 |

🔄 **앉아도 · すわっても** 스왓테모 | **먹어도 · たべても** 타베테모

| 원빈 | 이 | 아니라. | ▶ | 원빙 ウォンビン | 쟈 じゃ | 나쿠테 なくて。 |

🔄 **거짓말 · うそ** 우소 | **농담 · じょうだん** 죠-단

쇼 - 니 데 테 이 타 쿠 마 토 샤 싱 오 토 리 타 인 데 스 가
ショーに出ていた熊と写真を撮りたいんですが。

쇼에 나왔던 곰과 사진을 찍고 싶은데요.

아 노 레 츠 니 나 란 데 쿠 다 사 이
あの列に並んでください。

저기에 줄 서 주세요.

와 - 히 토 가 입 파 이 다 이 닌 키 다 네
わぁ、人がいっぱい！大人気だね。

와~ 사람이 많아! 대인기네.

캬 - 원 빙 다 잇 쇼 니 샤 싱 오 톳 테 모 이 - 데 스 까?
キャーウォンビンだ！一緒に写真を撮ってもいいですか。

꺅 원빈이다! 같이 사진 찍어도 될까요?

아 와 타 시 와 원 빙 쟈 나 쿠 테
あ、私はウォンビンじゃなくて

노 리 콘 시 쿠 토 모 - 시 마 스
海苔キョンシクと申します。

아, 저는 원빈이 아니라 노리경식이라고 합니다.

에 - 콘 나 니 니 테 루 노 니?
えー！こんなに似てるのに！？

에~! 이렇게 닮았는데!?

아 리 가 토 - 고 자 이 마 스 아 토 데 오 카 네 오 후 리 코 미 마 스
ありがとうございます。後でお金を振り込みます。

감사합니다. 나중에 돈을 이체할게요.

쏭과사전 ▶ **하이 치-즈**

일본에서 사진을 찍을 때 쓰는 신호는 「ハイチーズ(하이 치즈)」가 대표적이지만, 그 이외에도 「さん、に、いち(3, 2, 1)」, 「はいキムチ(하이 김치)」, 「はいウィスキー(하이 위스키)」 등이 있습니다.
'하이 치즈'와 비슷하게 옛날부터 사용되고 있는 신호로 「いちたすいちは？(1+1은?)」「に(2)」 라고 하는 것도 있으니, 일본인과 사진을 찍을 때 꼭 사용해 보세요!

지갑을 두고 온 것 같은데요….

MP3 듣기

さいふを わすれた みたいなんですが…。

사이후오 와스레타 미타이 난데스가

단어

□ 01 **지갑** 財布^{さい ふ} 사이후

□ 02 **특징** 特徴^{とくちょう} 토쿠쵸－

□ 03 **물고기** 魚^{さかな} 사카나

□ 04 **모양, 형태** 形^{かたち} 카타치

□ 05 **대화, 회화** 会話^{かい わ} 카이와

□ 06 **분실물** 忘^{わす}れ物^{もの} 와스레모노

□ 07 **빨갛다** 赤^{あか}い 아카이

□ 08 **가방** カバン 카방

표현

| 잊어버린 (두고 온) | 것 같아 | 요. | ▶ | 와스레타 わすれた | 미타이 みたい | 데스 です。 |

🔁 (집에) 돌아간 · かえった 카엣타 | 끝난 · おわった 오왓타

| 빨간 | 가방 | 이에요. | ▶ | 아카이 あかい | 카방 カバン | 데스 です。 |

🔁 작은 · ちいさい 치-사이 | **악어가죽 · わにがわの 와니가와노**

한자편·명사

스 미 마 셍　헤 야 니　사 이 후 오　와 스 레 타　미 타 이 난 데 스 가
すみません、部屋に財布を忘れたみたいなんですが…。

저기요, 방에 지갑을 두고 온 것 같은데요….

난　고 - 시 츠 데 스 까 ?
何号室ですか。

몇 호실입니까?

센 욘 햐 쿠　고 - 시 츠 데 스
1400号室です。

1400호실이에요.

사 이 후 노　토 쿠 쵸 - 오　오 시 에 테　쿠 다 사 이
財布の特徴を教えてください。

지갑의 특징을 알려 주세요.

사 카 나 노　카 타 치 데　카 이 와 가　데 키 마 스
魚の形で、会話ができます。

물고기 모양으로 대화를 할 수 있습니다.

나 니　소 레 ! ?
何それ！？

뭐야 그게!?

스 미 마 셍　카 방 노　와 스 레 모 노 와　아 리 마 셍 까 ?
すみません、カバンの忘れ物はありませんか。

저기요, 가방 분실물은 없나요?

돈 나　카 방 데 스 까 ?
どんなカバンですか。

어떤 가방인가요?

오 - 키 나　아 카 이　카 방 데 스
大きな赤いカバンです。

커다란 빨간 가방입니다.

아　코 레 데 스 네
あ、これですね！

아, 이거네요!

쏙과사전 　짐을 분실했다면?

일본 여행을 가서 짐을 분실했다면 걱정하지 마세요. 일본의 편의점과 약국엔 스킨케어 세트와 같이 일상에서 필요한 사소한 물건도 있기 때문이죠. 심지어 최근엔 편의점 「ファミリーマート(화미리 마토)」에서 옷을 판매하기 시작했습니다. 티셔츠와 비옷뿐만 아니라 후드티와 운동복도 24시간 언제 든 살 수 있어서 일본을 방문한 외국인에게도 큰 인기가 있다고 합니다. 한국과 일본은 가깝기 때문에 '시간 나면 몸만 들고 간다'라는 표현이 있었는데 이젠 더 편하게 오갈 수 있는 시대가 된 것 같습니다.

화장실은
없나요?

トイレは ありませんか。 토이레와 아리마셍까?

🎧MP3 듣기

단어

- ☐ 01 **배 (신체)** お腹（なか） 오나카
- ☐ 02 **화장실** トイレ 토이레
- ☐ 03 **편의점** コンビニ 콤비니
- ☐ 04 **지옥** 地獄（じごく） 지고쿠
- ☐ 05 **화장실 (정중한 표현)** お手洗い（てあらい） 오테아라이
- ☐ 06 **빌리다** 借りる（か） 카리루
- ☐ 07 **다른** 他の（ほか） 호카노
- ☐ 08 **기다리다** 待つ（ま） 마츠

표현

| 배가 아파서 | 죽을 것 같아. | ▶ | 오나카가 이타쿠테 おなかが いたくて | 시니소- しにそう。 |

🔄 **보고(만나고) 싶어서·あいたくて** 아이타쿠테 | **궁금해서·きになって** 키니 낫테

| 다른 | 손님 | 이 | ▶ | 호카노 ほかの | 오캬쿠상 おきゃくさん | 가 が |

🔄 **여자(여성)·じょせい** 죠세- | **나라·くに** 쿠니

^{아 ─　오나카가　이타쿠테　시니소─}
あぁ、お腹が痛くて死にそう。
아~ 배아파서 죽을 것 같아.

^{다 이 죠 ─ 부 데 스 까 ?}
大丈夫ですか。
괜찮으세요?

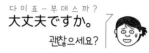

^{치 카 쿠 니　토 이 레 와　아 리 마 셍 까 ?}
近くにトイレはありませんか。
근처에 화장실은 없나요?

^{쥿 키 로　사 키 니　콤 비 니 가　아 리 마 스 요}
10キロ先にコンビニがありますよ。
10km 앞에 편의점이 있어요.

^{지 고 쿠}
地獄！！！！！
지옥이야!!!!

(이자카야에서)

^{스 미 마 셍　오 테 아 라 이　카 리 테 모　이 ─ 데 스 까 ?}
すみません、お手洗い借りてもいいですか。
저기요, 화장실 빌려도 되나요?

^{아　이 마　호 카 노　오 캬 쿠 상 가　하 잇 테　마 스 요}
あ、今他のお客さんが入ってますよ。
아, 지금 다른 손님이 들어가 있어요.

^{와 카 리 마 시 타　마 치 마 스}
分かりました！待ちます。
알겠습니다! 기다릴게요.

꽃과사전　**일본의 화장실**

일본은 화장실에 신경을 많이 쓰고, 화장실 문화가 발전했다고 알려져 있습니다. 버스 터미널이나 고속도로 휴게소에도 깨끗한 화장실이 많이 있고, 잠을 잘 수 있을 정도로 넓은 화장실같이 특색 있는 화장실도 많아 일본의 화장실을 보러 오는 외국인 관광객도 있을 정도입니다. 몇 년 전 시부야에 생긴 투명 화장실은 사람이 없으면 투명해서 안이 다 보이지만, 문을 닫으면 안이 보이지 않게 불투명해지는 화장실로, 이곳도 관광 명소로 유명해졌습니다. 일본에 가면 신기한 화장실을 찾아보시기 바랍니다.

저자 직강
무료 영상

시바시바
(しばしば)
공부하는
일본어

농담

じょうだん
冗談

31

닮았다고
듣는 유명인은…

にてると いわれる ゆうめいじんは… 니테루토 이와레루 유-메-진와

단어

□ 01 **닮다, 비슷하다** 似てる 니테루

□ 02 **(어느 쪽인지) 굳이 말하자면** どちらかというと 도치라카토 이우토

□ 03 **아인슈타인** アインシュタイン 아인슈타인

□ 04 **기일, 제삿날** 命日 메-니치

□ 05 **자주 듣다** よく言われる 요쿠 이와레루

□ 06 **~회, ~번** 〜回 ~카이

□ 07 **때리다** 殴る 나구루

□ 08 **~한 느낌** 〜た感じ ~타 칸지

표현

| 닮았다 | (라)고 | 들어요. | ▶ | 니테루
にてる | (웃)떼
って | 이와레루
いわれる。 |

🔄 **화나면 무섭다** · おこったら こわい 오콧타라 코와이 | **좋은 목소리** · いいこえ 이- 코에

| 때린 | 느낌 | ▶ | 나굿타
なぐった | 칸지
かんじ |

🔄 **밝은** · あかるい 아카루이 | **섹시한** · セクシーな 세쿠시-나

くりこ先生って、誰に似てるって言われますか。
쿠리코 센세-(웃)떼 다레니 니테룻떼 이와레마스까?

쿠리코 선생님은 누구와 닮았다고 듣나요?

アイユーかな。
아이유-카나

아이유려나?

え…どちらかというと、
에 도치라카토 이우토

アインシュタインに似てますけど…。
아인슈타인니 니테마스케도

음… (어느 쪽인지) 굳이 말하자면 아인슈타인과 닮았는데요….

おめでとうございます。今日があなたの命日です。
오메데토-고자이마스 쿄-가 아나타노 메-니치데스

축하합니다. 오늘이 당신의 기일입니다.

海苔キョンシク君って、
노리콘시쿠 쿤떼

誰に似てるって言われますか。
다레니 니테룻떼 이와레마스까?

노리경식 군은 누구와 닮았다는 말을 듣나요?

パクボゴム、
파쿠보고무

박보검,

は！？
하?

뭐!?

…を100回殴った感じに似てると言われます。
오 햑카이 나굿타 칸지니 니테루토 이와레마스

…을 100번 때린 느낌과 닮았다고 들어요.

ですよね。
데스요네?

그렇죠!?

笑과사전 **가오리 닮았네요**

['나 누구 닮았어?'라는 질문에 대한 최고의 대답은 뭘까?]에 대해 일본인들은 자주 논의합니다. 이 질문에 대한 안 좋은 대답은 아름다운 배우, 모델, 연예인을 닮았다고 하는 건데, 오히려 반감을 사서 기분이 나쁠 수 있기 때문입니다. '나 누구 닮았어?'라는 질문에 대한 가장 무난한 대답은 「エイの裏面(가오리의 뒷면)」이라고 합니다. 너무 귀엽지도 못생기지도 않고 딱 애매하게(?) 생겼다고 하는 표현이니 필요한 상황에 사용해 보세요.

32

몇 살로
보여요?

MP3 듣기

なんさいに みえますか。 난사이니 미에마스까?

단어

□ 01 **몇 살** 何歳=おいくつ 난사이=오이쿠츠
<small>なんさい</small>

□ 02 **보여요?** 見えますか 미에마스까?
<small>み</small>

□ 03 **안 보여요** 見えません 미에마셍
<small>み</small>

□ 04 **농담, 거짓말** 嘘 우소
<small>うそ</small>

□ 05 **좋다** いい 이-

□ 06 **의미** 意味 이미
<small>い み</small>

□ 07 **상상** (ご)想像 (고)소-조-
<small>そうぞう</small>

□ 08 **맡김** おまかせ 오마카세

표현

몇 살	로	보여요?	▶	난사이 **なんさい**	니 **に**	미에마스까? **みえますか。**

🔁 **몇살 · いくつ** 이쿠츠 | **이거뭐 · これ なに** 코레 나니

좋은	의미	인가요?	▶	이- **いい**	이미 **いみ**	데스까? **ですか。**

🔁 **나쁜 · わるい** 와루이 | **어떤 · どんな** 돈나

<ruby>キョンシク<rt>콘 시 쿠</rt></ruby> <ruby>さんは<rt>상 와</rt></ruby> <ruby>何歳<rt>난 사 이</rt></ruby><ruby>ですか<rt>데 스 까</rt></ruby>？

경식 씨는 몇 살인가요?

<ruby>何歳<rt>난 사 이</rt></ruby><ruby>に<rt>니</rt></ruby> <ruby>見えますか<rt>미 에 마 스 까</rt></ruby>。

몇 살로 보여요?

<ruby>うーん<rt>우 ー 웅</rt></ruby>、<ruby>25歳<rt>니쥬ー고사이</rt></ruby><ruby>ぐらい<rt>구 라 이</rt></ruby>？

음, 25살 정도?

<ruby>52歳<rt>고쥬ー니사이</rt></ruby><ruby>です<rt>데스</rt></ruby>。

52살이에요.

<ruby>えぇ<rt>에 ー</rt></ruby>！<ruby>見えません<rt>미 에 마 셍</rt></ruby>！

에! (그렇게) 안 보여요!

<ruby>嘘<rt>우 소</rt></ruby><ruby>です<rt>데 스</rt></ruby>。

농담이에요.

<ruby>くりこ<rt>쿠 리 코</rt></ruby><ruby>さんは<rt>상 와</rt></ruby>、<ruby>とても<rt>토 테 모</rt></ruby> <ruby>かわいい<rt>카 와 이 ー</rt></ruby><ruby>ですね<rt>데 스 네</rt></ruby>。<ruby>おいくつ<rt>오 이 쿠 츠</rt></ruby><ruby>ですか<rt>데 스 까</rt></ruby>？

쿠리코 씨는 정말 귀엽네요. 몇 살이세요?

<ruby>何歳<rt>난 사 이</rt></ruby><ruby>に<rt>니</rt></ruby> <ruby>見えますか<rt>미 에 마 스 까</rt></ruby>？

몇 살로 보여요?

<ruby>何歳<rt>난 사 이</rt></ruby><ruby>にも<rt>니 모</rt></ruby> <ruby>見えません<rt>미 에 마 셍</rt></ruby>。

몇 살로도 안 보여요.

<ruby>え<rt>에</rt></ruby>…<ruby>それは<rt>소 레 와</rt></ruby> <ruby>いい<rt>이 ー</rt></ruby><ruby>意味<rt>이 미</rt></ruby><ruby>ですか<rt>데 스 까</rt></ruby>？

음… 그건 좋은 의미예요?

<ruby>ご想像<rt>고 소 ー 조 ー</rt></ruby><ruby>に<rt>니</rt></ruby> <ruby>お任せします<rt>오 마카세시마스</rt></ruby>！

상상에 맡길게요!

꽃과사전 **나이는 비밀**

한국에서는 초면에 나이를 묻는 경우가 많지만, 일본에서는 나이를 묻지 않는 편입니다. 그 이유는 개인 프라이버시를 지키고 싶어 하기 때문입니다. 또, 나이에 따라 존댓말과 반말을 구분해 써야 한다는 인식이 강하지 않기 때문입니다. 나이에 상관없이 초면인 사람에겐 대부분 존댓말을 쓰고, 'OO 씨(さん)'라고 부릅니다. 그 후로 시간이 지나 친해져도 계속 존댓말을 쓰는 사람들도 많이 있습니다.

33

🎧MP3 듣기

아재 개그의 달인

ダジャレの たつじん _{다쟈레노 타츠진}

단어

☐ 01 **생강** 生姜 쇼-가

☐ 02 **어쩔 수 없다** しょうがない 쇼-가나이

☐ 03 **입 다물다** 黙る 다마루

☐ 04 **일어나다, 깨다** 起きる 오키루

☐ 05 **이불** ふとん 후톤

☐ 06 **날아갔다** ふっとんだ 훗톤다

☐ 07 **일생, 평생** 一生 잇쇼-

표현

생강이 없다	면	▶	쇼-가가나이 しょうががない	나라 なら

🔄 **싫으 · いや** 이야 ┃ **안 마신다 · のまない** 노마나이

평생 자게 해	줄까?	▶	잇쇼-네무라세테 いっしょう ねむらせて	야로-까? やろうか。

🔄 **죽여 · ころして** 코로시테 ┃ **인생 끝나게 해 · じんせい おわらせて** 진세- 오와라세테

くりこ先生、生姜を取ってください。
쿠리코 센세— 쇼—가오 톳테 쿠다사이

쿠리코 선생님, 생강을 집어(서 전해) 주세요.

いいよ！あ、ない！
이—요 아 나이

그래! 아, 없네!

生姜がないなら、しょうがない。
쇼—가가 나이나라 쇼—가 나이

생강이 없다면 어쩔 수 없죠.

黙れ。
다마레

닥쳐.

(이불을 확 들추며)

海苔キョンシク君、起きて！早く！！
노리콘시쿠 쿤 오키테 하야쿠

노리경식 군 일어나! 빨리!!

わぁー！ふとんがふっとんだー！
와— 후톤가 훗톤다

와! 이불이 날아갔다!

一生眠らせてやろうか。
잇쇼— 네무라세테 야로—까

평생 자게 해 줄까?

起きます。
오키마스

일어날게요.

🌶️과사전 **일본의 아재 개그**

한국처럼 일본에서도 아재 개그를 하면 「寒い(썰렁하다)」라고 표현합니다. 아저씨들이 하는 아재 개그는 썰렁하지만, 매사에 진지한 사람이나 외국인이 아재 개그를 하면 재미있습니다. 그 사람이 아재 개그를 할 거라는 상상을 못 하기 때문입니다. 쿠리코 센세가 초등학교 2학년 때, 항상 쿨한 남학생이 갑자기 "파리(하에)가 빨라(하에)!!!"라고 소리를 질렀고, 그 말을 들은 센세는 웃다가 양호실까지 실려 갔어요. (100% 실화) 여러분도 일본어로 아재 개그를 연습해 보면 어떨까요?

KPOP 아이돌에게 전화해 볼까요?

🎧MP3 듣기

KPOP アイドルに でんわして みましょうか。

케-폽뿌 아이도루니 뎅와시테 미마쇼—까?

단어

- ☐ 01 **전화**　　電話 뎅와
- ☐ 02 **진짜**　　マジ 마지
- ☐ 03 **여보세요**　　もしもし 모시모시
- ☐ 04 **나 (남자들이 쓰는 말)**　　俺 오레
- ☐ 05 **목소리**　　声 코에
- ☐ 06 **전혀**　　全然 젠젠
- ☐ 07 **놀라다**　　びっくりする 빗쿠리 스루
- ☐ 08 **돌아가다**　　帰る 카에루

표현

| 전화해 | 볼까요? | ▶ | 뎅와시테
でんわして | 미마쇼—까?
みましょうか。 |

🔁 **사용해 · つかって** 츠캇테 ┃ **찾아 · さがして** 사가시테

| 아는 | 데(요). | ▶ | 싯테루
しってる | 케도
けど。 |

🔁 **있는 · あります** 아리마스 ┃ **친구인 · ともだちだ** 토모다치다

와타시 챠 우 누 가　 스 키 난 다 요 네
私、チャウヌが好きなんだよね。
나 차은우를 좋아하거든.

뎅 와 시 테　미 마 쇼 - 까 ?
電話してみましょうか。
전화해 볼까요?

에　　마 지 ?
え！マジ！？
에! 진짜!?

모 시 모 시　 오 레 오 레　 겡 키 ?
もしもし、オレオレ！元気？
여보세요, 나야나! 잘 지내?

모 -　　코 에 가 젠 젠 치 가 우 쟝　 빗 쿠 리 시 타
もー！声が全然違うじゃん！びっくりしたー！！
뭐야 정말! 목소리가 완전 다르잖아! 깜짝 놀랐어!!

쿠 리 코 센 세 -　 모 시 카 시 테　 페 욘 쥰 떼　 싯 테 마 스 까 ?
くりこ先生、もしかしてペヨンジュンって知ってますか。
쿠리코 선생님, 혹시 배용준이라고 알아요?

에 ?　싯 테 루 케 도　　모 시 카 시 테　카 레 노　토 모 다 치 … ?
え？知ってるけど、もしかして彼の友達…？
음? 아는데, 혹시 그의 친구야…?

와 타 시 모　 싯 테 마 스
私も知ってます。
저도 알아요.

카 에 레
帰れ。
꺼져.

 쑛과사전　**일본인들이 '쑛쑛쑛'하는 이유**

일본인 중엔 전화로 인사를 할 때 몸까지 굽히는 사람이 많습니다. 통화 중 설명을 할 때 몸동작을 쓰거나, 놀랐을 때 목소리뿐 아니라 표정까지 사용해 놀라는 사람도 있습니다. 쿠리코 센세의 어머니는 스피커폰으로 통화하다가 '미안해요'라고 말할 때 손까지 모으십니다. 참고로 일본에 가면 전화 통화를 하며 '쑛쑛쑛쑛'이라고 말하는 일본인을 목격할 때가 있는데, 이것은 맞장구를 치는 말인 「そうそうそうそう(그래 그래 맞아 맞아)」입니다.

일본까지
헤엄쳐 왔어요.

🎧MP3 듣기

にほんまで およいで きました。 니혼마데 오요이데 키마시타

단어

☐ 01 **수영하다, 헤엄치다** 　泳ぐ^{およ} 오요구

☐ 02 **이틀** 　ふつか 후츠카

☐ 03 **(시간이) 걸리다, (돈이) 들다** 　かかる 카카루

☐ 04 **(말로) 트집 잡다, 태클 걸다** 　ツッコむ 츳코무

☐ 05 **츳코미** *笑과사전* 　ツッコミ 츳코미

☐ 06 **장거리 (연애)** 　遠距離(恋愛) 엔쿄리 (렝아이)

☐ 07 **그립다, 쓸쓸하다** 　さみしい(さびしい) 사미시-(사비시-)

☐ 08 **비행기** 　飛行機^{ひこうき} 히코-키

표현

언제	만날 수 있	으려나?	▶	いつ 이츠	あえる 아에루	かな。 카나?

🔁 **받을 수 있 · もらえる** 모라에루 ┃ **알 수 있 · わかる** 와카루

보고(만나고)	싶어	지면	▶	あい 아이	たく 타쿠	なったら 낫타라

🔁 **쉬고 · やすみ** 야스미 ┃ **울고 · なき** 나키

에 ― ? 캉 코 쿠 카 라 하 지 메 테 니 혼 니 키 타 노?
えぇ！？韓国から初めて日本に来たの？

에? 한국에서 처음으로 일본에 온 거야?

하 이　니 혼 마 데　오 요 이 데　키 마 시 타
はい、日本まで泳いできました。

네, 일본까지 헤엄쳐 왔어요.

후 츠 카　카 카 리 마 시 타
2日かかりました。

이틀 걸렸어요.

스 고 이 나
すごいな。

대단하군.

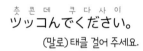

츳 콘 데　쿠 다 사 이
ツッコんでください。

(말로)태클 걸어 주세요.

엔 쿄 리 와　사 미 시 ― 네
遠距離はさみしいね。

장거리 연애는 쓸쓸하네.

츠 기 와　이 츠　아 에 루 카 나
次はいつ会えるかな。

다음엔 언제 만날 수 있으려나?

아 이 타 쿠　낫 타 라　토 리 니　놋 테　이 쿠 요
会いたくなったら鳥に乗って行くよ。

보고 싶어지면 새를 타고 갈게.

히 코 ― 키 니　놋 테　쿠 레
飛行機に乗ってくれ…。

비행기를 타 줘…. *츳코미

 鑾과사전　타이밍이 생명! 츳코미

일본에는 「ツッコミ(츳코미)」라는 문화가 있습니다. 예를 들어, '일본까지 헤엄쳐서 왔어'라고 했을 때 '그럴 리가 없잖아!'라든지 '너무 멀잖아!' 등과 같이 태클을 걸어 웃음을 유발하는 말입니다. 츳코미를 하지 않고 '그렇구나'라고 대답하는 사람도 있는데 그런 사람에게는 「冗談です(농담입니다)」라든지 「ツッコんでください(태클 걸어 주세요)」라고 말하면 됩니다. 특히 간사이 사람들이 츳코미를 잘해 주는 걸로 유명하니, 간사이 여행을 가면 재미있는 츳코미를 기대해 보세요.

성은이
망극하옵니다.

アリガタキ シアワセ。 아리가타키 시아와세

🎧MP3 듣기

단어

□ 01	**도시락**	お弁当	오벤토-
□ 02	**만들다**	作る	츠쿠루
□ 03	**정말(로), 진짜(로)**	本当(に)	혼토-(니)
□ 04	**외국인**	外国人	가이코쿠진
□ 05	**술집**	居酒屋	이자카야
□ 06	**한턱내다**	おごる	오고루
□ 07	**뭐든지**	なんでも	난데모
□ 08	**감사**	感謝	칸샤

표현

만들어	왔다.	▶	**つくって** 츠쿳테	**きた。** 키타

🔁 **달려 · はしって** 하싯테 | **가지고 · もって** 못테

감사하지	않아도	돼.	▶	**かんしゃし** 칸샤시	**なくても** 나쿠테모	**いい。** 이-

🔁 **사과하지 · あやまら** 아야마라 | **서두르지 · いそが** 이소가

노 리 콘 시 쿠　쿤　오 벤 토 －　츠 쿳 테 키 타 요
海苔キョンシク君、お弁当作ってきたよ。

노리경식 군 도시락 만들어 왔어.

에 ？혼 토 － 데 스 까 ？
え？本当ですか。

네? 정말요?

아 리 가 타 키　시 아 와 세
ありがたき幸せ。

성은이 망극하옵니다.

혼 토 － 니　가 이 코 쿠 진 ？
本当に外国人？

진짜 외국인 맞아?

코 코 노　이 자 카 야 와　와 타 시 가　오 고 루 요
ここの居酒屋は私がおごるよ。

이 술집은 내가 한턱 쏠게.

이 인 데 스 까 ？
いいんですか。

괜찮아요?

모 치 롱 ！난 데 모　타 베 테 ！
もちろん！なんでも食べて！

물론! 뭐든지 먹어!

아 리 가 타 키　시 아 와 세
ありがたき幸せ。

성은이 망극하옵니다.

손 나 니　칸 샤　시 나 쿠 테 모　이 － 요
そんなに感謝しなくてもいいよ。

그렇게 감사하지 않아도 돼.

꽃과사전 ▶ **성은이 망극하옵니다**

「アリガタキシアワセ(아리가타키 시아와세)」는 옛날에 쓰던 일본어입니다. 정말 고마운 일에 대해 본인이 행복을 느끼며 감사하다는 의미가 있습니다. 원래는 사무라이 시대에 윗사람에게 상을 받거나 칭찬을 받았을 때 쓰던 말이라고도 합니다. 현대에는 사극이나 예능, 애니메이션에서 이 말이 사용되어서 일반인들도 농담으로 사용하기도 합니다. 외국인이 사용하면 무조건 웃긴 일본어 라고 확신해요.

37

뭔
개소리야.

なんでやねん。 난데야넹

🎧MP3 듣기

단어

- [ ] 01 **항상** — いつも ^{이츠모}
- [ ] 02 **예쁘다, 깨끗하다** — きれいだ 키레−다
- [ ] 03 **그래서 말인데** — というわけで 토이우 와케데
- [ ] 04 **오늘** — 今日 쿄−
- [ ] 05 **숙제** — 宿題 슈쿠다이
- [ ] 06 **결혼** — 結婚 켁콩
- [ ] 07 **매우, 아주** — とても 토테모
- [ ] 08 **(술술) 유창하다** — ペラペラだ 페라페라다

표현

| 숙제 | 없음 | ▶ | 슈쿠다이 しゅくだい | 나시 なし |

🔄 **수수료** · てすうりょう 테스−료− | **자막** · じまく 지마쿠

| 능숙 | 하고 | 유창 | 해요. | ▶ | 죠−즈 じょうず | 데 で | 페라페라 ぺらぺら | 데스 です。 |

🔄 **깨끗/조용** · きれい/しずか 키레−/시즈카 | **복잡/불편** · ふくざつ/ふべん 후쿠자츠/후벤

쿠 리 코 센세 -　이 츠 모 키 레 - 데 스 네
くりこ先生、いつもきれいですね。

쿠리코 선생님, 늘 예쁘시네요.

아 리 가 토 -　노 리 콘 시 쿠　군
ありがとう、海苔キョンシク君。

고마워, 노리경식 군.

토 이 우　와 케 데　쿄 - 와　슈 쿠 다 이　나 시 데　이 - 데 스 까?
というわけで今日は宿題なしでいいですか。

그래서 말인데 오늘은 숙제 없는 걸로 괜찮죠?

난 데 야 넹
なんでやねん。

뭔 개소리야.

와 타 시 와　니 혼 진 토　켁 콩 시 테　이 마 스
私は日本人と結婚しています。

저는 일본인과 결혼했습니다.

돈 나　토 코 로 가　스 키 데 스 까?
どんなところが好きですか。

어떤 점이 좋아요?

니 홍 고 가　토 테 모　죠 - 즈 데
日本語がとても上手で、

니 홍 고 가　페 라 페 라 나　토 코 로 데 스
日本語がペラペラなところです。

일본어를 정말 잘하고, 일본어가 유창한 점이요.

난 데 야 넹
なんでやねん。

무라는 거야.

쑿과사전 **난데야넹**

앞에서 '츳코미'에 대해 이야기한 것 기억나죠? 「なんでやねん」은 간사이 지역, 특히 오사카의 대표적인 츳코미 표현입니다. 상대가 어이없는 행동이나 말을 했을 때 사용하는 츳코미 표현으로, 현지인(간사이인)이 아닌 타 지역의 사람들은 이 츳코미를 사용하는 타이밍을 따라 할 수도 없이 어렵습니다. 센세도 처음 간사이 사람의 '난데야넹'을 들었을 때는 츳코미 타이밍과 센스에 감동하여 더 해달라고 몇 번이나 부탁했습니다. 참고로 이건 일본 내에 있는 이야기인데, 간사이 출신 이외의 사람이 간사이 사투리를 쓰거나 츳코미를 하면 간사이 사람들은 매우 짜증이 난다는 소문이 있습니다.

38

아싸 될 확률 95%

달걀노른자가 좋은데 네가 더 좋아.

MP3 듣기

たまごの きみが すきだけど きみが もっと すき。

타마고노 키미가 스키다케도 키미가 못토 스키

단어

- ☐ 01 **주다, 전하다** 伝(つた)える 츠타에루
- ☐ 02 **달걀** たまご 타마고
- ☐ 03 **노른자** 黄身(きみ) 키미
- ☐ 04 **너** 君(きみ) 키미
- ☐ 05 **비교하다** 比(くら)べる 쿠라베루
- ☐ 06 **고백** 告白(こくはく) 코쿠하쿠
- ☐ 07 **복잡** 複雑(ふくざつ) 후쿠자츠

현지편 · 농담

표현

전하고	싶은	것이 있어.	▶	츠타에 つたえ	타이 たい	코토가아루 ことがある。

확인하고 · たしかめ 타시카메 | **상담하고** · そうだんし 소-단시

아까	고백	받았다. (당했다.)	▶	삿키 さっき	코쿠하쿠 こくはく	사레타 された。

질문 · しつもん 시츠몽 | **헌팅** · ナンパ 남파

예시 대화 1

쿠리코 센세－ 츠타에타이 코토가 아리마스
くりこ先生！伝えたいことがあります。
쿠리코 선생님! 전하고 싶은 말이 있어요.

나니?
何？
뭐니?

타마고노 키미가 스키다케도 키미가 못토 스키
たまごの黄身が好きだけど、君がもっと好き！
달걀노른자가 좋은데, 네가 더 좋아!

난데 타마고토 쿠라베타노?
何でたまごと比べたの？
왜 달걀하고 비교했냐?

예시 대화 2

삭키 코쿠하쿠 사레타요
さっき告白されたよ。
조금 전에 고백받았어.

에－ 난테 이와레타노?
え―！なんて言われたの？
에! 뭐라고 들었어?

타마고노 키미가 스키다케도 키미가 못토 스키 (읏)떼
「たまごの黄身が好きだけど君がもっと好き！」って♡
'달걀노른자가 좋지만 네가 더 좋아!'래♡

후쿠자츠
複雑…。
복잡하군….

쑻과사전 실제 경험담

저희가 장거리 연애를 했을 때, 일본어를 하나도 몰랐던 경식 군은 독학으로 일본어를 공부했었어요. 하루는 전화 통화를 하고 있는데 경식 군이 갑자기 「たまごの黄身が好きだけど君がもっと好き(달걀노른자를 좋아하는데 네가 더 좋아)」라고 말했습니다. 솔직히 재미있는 아재 개그도 아니었고, 달걀과 인간을 비교한다는 것이 말도 안 되는 표현이었지만, 이렇게 긴 표현을 기억해서 재미있게 해주려는 모습에 심쿵했던 기억이 납니다. 장거리 연애 중인 한일 커플이 있다면 꼭 사용해 보세요.

자주 들어요.

よく いわれます。 요쿠 이와레마스

🎧MP3 듣기

단어

☐ 01 **패션** ファッション 홧숀

☐ 02 **센스** センス 센스

☐ 03 **~같아** (명사 +) みたい ~미타이

☐ 04 **겸손** 謙遜 켄손
けんそん

☐ 05 **수업** 授業 쥬교―
じゅぎょう

☐ 06 **재미있다** 面白い 오모시로이
おもしろ

☐ 07 **피부** 肌 하다
はだ

☐ 08 **자신감** 自信 지신
じ しん

표현

겸손	해라.	▶	켄손 けんそん	시로 しろ。

🔄 **반성 · はんせい** 한세- | **안심 · あんしん** 안신

피부가	깨끗	해 지다.	▶	하다가 はだが	키레― きれい	니나루 になる。

🔄 **매끈매끈(반들반들) · つるつる** 츠루츠루 | **탱탱 · もちもち** 모치모치

노 리 콘 시 쿠 쿤 떼 홧 숀 센 스 이 — 요 네
海苔キョンシク君ってファッションセンスいいよね。
노리경식 군은 패션 센스 좋네.

아 리 가 토 — 고 자 이 마 스
ありがとうございます。
감사합니다.

혼 토 — 니　챠 우 누　미 타 이
本当に！チャウヌみたい！
진짜로! 차은우 같아!

요 쿠　이 와 레 마 스
よく言われます。
(그런 말) 자주 들어요.

켄 손 시 로 요
謙遜しろよ…。
겸손해라 좀….

쿠 리 코 센 세 — 노 쥬 교 —　오 모 시 로 이 데 스 네
くりこ先生の授業、面白いですね。
쿠리코 선생님 수업 재미있어요.

요 쿠　이 와 레 마 스
よく言われます。
자주 들어요.

쿠 리 코 센 세 —　하 다 가 키 레 — 데 스 네
くりこ先生、肌がきれいですね。
쿠리코 선생님 피부가 고우시네요.

요 쿠　이 와 레 마 스
よく言われます。
자주 들어요.

스 고 이　지 신
すごい自信…。
엄청난 자신감이네….

쏯과사전 **칭찬을 듣는다면 이렇게!**

칭찬받았을 때, 대부분의 일본인은 「ええぇ？そんなことないよ(에? 그렇지 않아)」라는 말을 하며 겸손해합니다. 하지만 최근에는 이렇게 부정하는 것이 칭찬해 준 사람에 대해 실례라는 이야기가 나오면서, 칭찬받았을 때 어떤 표현이 좋은 대답인지에 대한 정보가 많이 생겼습니다. 가장 좋은 대답은 「ありがとう(고마워)」 그리고 「〇〇のおかげです(〇〇 덕분입니다)」라며 칭찬해 준 사람을 더 칭찬해 주는 것이라고 합니다. 물론 「よく言われます(그런 말 많이 들어요)」라는 표현도 농담으로 이야기하면 재치 있고 유쾌한 대응이 될 수 있으니 살짝 웃으면서 사용해 보세요.

세끼 식사보다
좋아.

♪MP3 듣기

さんどの めしより すき。 산도노 메시요리 스키

단어

- ☐ 01 **등산** 登山 토잔
- ☐ 02 **산** 山 야마
- ☐ 03 **취미** 趣味 슈미
- ☐ 04 **노래방** カラオケ 카라오케
- ☐ 05 **노래** 歌 우타
- ☐ 06 **노래 부르다** 歌う 우타우
- ☐ 07 **듣다, 묻다** 聞く 키쿠

표현

| 세끼식사보다 | 등산 | 이 좋아. | ▶ | さんどの めしより 산도노 메시요리 | とざん 토잔 | がすき。 가 스키 |

🔁 낚시・つり 츠리 | 술・おさけ 오사케

| 네가 | 없으 | 니까. | ▶ | きみが 키미가 | いない 이나이 | から。 카라 |

🔁 남자친구가있으・かれしがいる 카레시가 이루 | 알바가있으・バイトがある 바이토가 아루

마 타 토 잔 잇 테 키 타 노?
また登山行ってきたの？
또 등산 갔다 왔어?

산 도 노 메 시 요 리 토 잔 가 스 키 난 다
三度の飯より登山が好きなんだ。
세끼 식사보다 등산이 좋아.

난 데 손 나 니 야 마 가 스 키 나 노?
なんでそんなに山が好きなの？
왜 그렇게 산을 좋아해?

키 미 가 이 나 이 카 라
君がいないから。
네가 없어서.

코 노 야 로 ─
この野郎。
이 자식이.

하 지 메 마 시 테 노 리 콘 시 쿠 토 모 ─ 시 마 스
初めまして。海苔キョンシクと申します。
처음 뵙겠습니다. 노리경식이라고 합니다.

슈 미 와 난 데 스 까?
趣味は何ですか。
취미는 뭐예요?

카 라 오 케 데
カラオケで、
우 타 오 우 타 우 코 토 가 산 도 노 메 시 요 리 스 키 데 스
歌を歌うことが三度の飯より好きです。
노래방에서 노래를 부르는 걸 세끼 식사보다 좋아합니다.

에 ─ 노 리 콘 시 쿠 노 우 타 키 키 타 이
えー！海苔キョンシクの歌聞きたい！！
에! 노리경식의 노래 듣고 싶어!!

🖌과사전 ▶ **밥보다 중요한 것**

「三度の飯より~(세끼 식사보다~)」는 먹는 것도 잊을 정도로 어떤 것에 몰두한다는 뜻입니다. 푹 빠진 취미가 있는 사람은 자기소개나 면접 때도 많이 사용합니다. 예를 들면 '세끼 식사보다 축구를 좋아해서 방학 때마다 축구를 하고 있습니다'와 같이 표현합니다. 또 결혼식장에서 '세끼 식사보다 아내가 좋아요'라고 말하며 결혼식장의 분위기를 띄우는 사람도 있습니다. 이처럼 물건뿐만 아니라 사람에게도 사용할 수 있는 말이기 때문에 여러분도 꼭 사용해 보시기 바랍니다.

시바시바
공부하는
일본어

저자 직강
무료 영상

· 현지편 ·

술집

ーーーーーーー

いざかや
居酒屋

예약
안 했어요.

🎧MP3 듣기

よやく してません。 요야쿠 시테마셍

단어

□ 01 **여쭤보다**   伺う^{うかが} 우카가우

□ 02 **예약**   予約^{よ やく} 요야쿠

□ 03 **지금 (격식 차린 말)**   ただいま 타다이마

□ 04 **만석**   満席^{まんせき} 만세키

□ 05 **몇 시**   何時^{なん じ} 난지

□ 06 **~쯤**   ～ごろ ~고로

□ 07 **비다**   空く^あ 아쿠

□ 08 **~하세요 (권유 표현)**   どうぞ 도-조

표현

성함 | 여쭤보도 될까요? ▶ おなまえ 오나마에 | うかがってもよろしいでしょうか。 우카갓테모 요로시-데쇼-까?

🔄 **연락처・れんらくさき** 렌라쿠사키 | **엠비티아이・エムビーティーアイ** 에무비-티-아이

몇 시 ⟩ 쯤 ▶ なんじ 난지 ⟩ ごろ 고로

🔄 **점심・おひる** 오히루 | **가을・あき** 아키

이 랏 샤 이 마 세
いらっしゃいませ。
어서 오세요.

오 나 마 에 우 카 갓 테 모 요 로 시 - 데 쇼 - 까?
お名前伺ってもよろしいでしょうか。
성함 여쭤봐도 될까요?

아 요 야 쿠 시 테 마 셍
あ、予約してません。
아, 예약 안 했어요.

타 다 이 마 만 세 키 데 시 테
ただいま満席でして…。
지금 현재 만석이어서….

난 지 고 로 아 키 마 스 까?
何時ごろ空きますか。
몇 시쯤 (자리가) 빌까요?

이 랏 샤 이 마 세
いらっしゃいませ。
어서 오세요.

시 치 지 니 후 타 리 데 요 야 쿠 시 타 쿠 리 코 데 스
7時に2人で予約した、くりこです。
7시에 2명으로 예약한 쿠리코입니다.

쿠 리 코 사 마 오 마 치 시 테 오 리 마 시 타 도 - 조
くりこ様。お待ちしておりました。どうぞ。
쿠리코 님. 기다리고 있었습니다. 이쪽으로 오세요.

오 사 시 미 오 쿠 다 사 이
お刺身をください。
회를 주세요.

코 코 와 파 스 타 노 미 세 데 스 가
ここはパスタの店ですが…。
여긴 파스타 가게입니다만….

숲과사전 **숨은 맛집**

일본의 맛집을 찾을 때 한국 사람들은 대부분 네이버나 인스타를 보고 찾아가죠? 그런 가게들은 대부분 번화가에 있어서 주말이나 퇴근 시간에 사람이 많아 들어갈 수 없는 곳도 있을 거예요. 시간적인 여유가 있다면 번화가에서 한두 정거장 떨어진 역에 내려보세요. 그런 곳에는 일본 현지인들만 갈법한 작은 오뎅집이나 닭꼬치 가게 등 개인이 운영하는 술집이 많아서, 외국인은 나밖에 없는 리얼한 일본을 경험해 볼 수 있습니다.

오마카세로 부탁합니다.

🎧MP3 듣기

おまかせで おねがいします。 오마카세데 오네가이시마스

단어

☐ 01 **정해지다** 決まる 키마루

☐ 02 **닭꼬치** 焼き鳥 야키토리

☐ 03 **~개 (얇고 긴 것을 셀 때)** ～本 ～홍

☐ 04 **내용** 内容 나이요–

☐ 05 **추천** おすすめ 오스스메

☐ 06 **회** お刺身 오사시미

☐ 07 **오늘 아침** 今朝 케사

☐ 08 **유니콘** ユニコーン 유니코–옹

표현

| 추천 메뉴 | 를 | 오마카세로. | ▶ | 오스스메 おすすめ | 오 を | 오마카세데 おまかせで. |

🔄 튀김 · てんぷら 템푸라 | 와규(일본산 소고기) · わぎゅう 와규–

| 회 | 는 | 어때요? | ▶ | 오사시미 おさしみ | 와 は | 도–데스까? どうですか. |

🔄 이 자리 · この せき 코노 세키 | 샴페인 · シャンパン 샴팡

고 츄 - 몽 와　오 키 마 리 데 스 까 ?
ご注文はお決まりですか。

주문은 정해지셨나요?

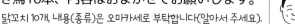

야 키 토 리 줏 퐁　나 이 요 - 와　오 마 카 세 데　오 네 가 이 시 마 스
焼き鳥10本、内容はおまかせでお願いします。

닭꼬치 10개, 내용(종류)은 오마카세로 부탁합니다(알아서 주세요).

카 시 코 마 리 마 시 타
かしこまりました。

알겠습니다.

고 츄 - 몽 와 ?
ご注文は？

주문은 (어떻게 하시겠어요)?

코 노　오 미 세 노　오 스 스 메 오　오 마 카 세 데　오 네 가 이 시 마 스
このお店のおすすめをおまかせでお願いします。

이 가게의 추천을(추천 메뉴를) 알아서 부탁드립니다.

오 사 시 미 와　도 - 데 스 까 ?
お刺身はどうですか。

회는 어떠세요?

이 - 데 스 네
いいですね。

좋네요.

소 시 테　케 사　콘 나　모 노 모　츠 레 마 시 타
そして今朝こんなものも釣れました。

그리고 오늘 아침에 이런 것도 낚았어요.

유 니 코 - 옹 ! ?
ユニコーン！？

유니콘(을 잡았어요)!?

 쏙과사전 **일본의 오마카세**

앞에서 설명했듯이 「おまかせ(오마카세)」는 주방장이 알아서 그날 구입한 신선한 재료를 사용하여 자유롭게 만든 요리를 제공받는 것입니다. 한국에서 '오마카세'라고 하면 주로 초밥이 떠오르죠? 하지만 일본에서는 튀김, 디저트, 라멘, 중식, 게 요리, 철판구이 등 다양한 종류의 오마카세가 있습니다. 'OMAKASE'라는 사이트에서 전국 오마카세 식당의 메뉴와 금액 등 정보를 볼 수 있으며 예약도 가능하니, 일본에서 오마카세 요리를 먹고 싶다면 사이트에서 예약 후 방문해 보세요.

43

음료
무한 리필 있나요?

MP3 듣기

のみほうだいは ありますか。 노미호ー다이와 아리마스까?

단어

☐ 01 **음료 무한 리필**　飲み放題 노미호ー다이

☐ 02 **있습니다 (경어)**　ございます 고자이마스

☐ 03 **고르다**　選ぶ 에라부

☐ 04 **코스**　コース 코ー스

☐ 05 **가성비**　コスパ 코스파

☐ 06 **경우**　場合 바ー이

☐ 07 **먹을 것, 음식**　食べ物 타베모노

표현

| 메뉴 | 에서 | 골라 | 주세요. | ▶ | メニュー 메뉴ー | から 카라 | えらんで 에란데 | ください。 쿠다사이 |

🔁 **이 안/집어 · このなか/とって** 코노 나카/톳테 | **차/나와 · くるま/でて** 쿠루마/데테

| 주문 | 할 | 경우 | ▶ | ちゅうもん 츄ー몽 | する 스루 | ばあい 바ー이 |

🔁 **계약 · けいやく** 케-야쿠 | **결혼 · けっこん** 켁콩

오 노 미 모 노 와 　 도 - 시 마 스 까 ?
お飲み物はどうしますか。
마실 건 어떻게 하시겠습니까?

노 미 호 - 다 이 와 　 아 리 마 스 까 ?
飲み放題はありますか。
음료 무한 리필 있나요?

하 이 　 　 고 자 이 마 스 요
はい、ございますよ！
네, 있습니다!

코 치 라 노 　 메 뉴 - 카 라 　 에 란 데 　 쿠 다 사 이
こちらのメニューから選んでください。
여기 메뉴에서 골라 주세요.

카 루 피 스 　 사 와 - 데
カルピスサワーで。
칼피스 사와로.

스 미 마 셍 　 　 노 미 호 - 다 이 와 　 아 리 마 스 까 ?
すみません、飲み放題はありますか。
저기요, 음료 무한 리필 있나요?

햐 쿠 고 줏 뿐 　 셍 엔 노 　 코 - 스 가 　 아 리 마 스
150分1000円のコースがあります。
150분에 1,000엔인 코스가 있습니다.

코 스 파 　 이 - 네 　 　 쟈 - 　 　 소 레 데 　 오 네 가 이 시 마 스
コスパいいね！じゃぁ、それでお願いします。
가성비 좋네! 그럼, 그걸로 부탁드립니다.

츄 - 몬 스 루 　 바 - 이 　 　 료 - 리 오 　 이 치 망 엔 붕 　 타 논 데 　 쿠 다 사 이
注文する場合、料理を1万円分頼んでください。
주문할 경우, 요리를 만엔분 시켜 주세요.

오 사 케 가 　 셍 엔 　 나 노 니 　 　 타 베 모 노 가 　 이 치 망 엔 ? 타 카 이
お酒が１０００円なのに、食べ物が1万円？高い！！
술이 1,000엔인데 음식이 만 엔? 비싸네!!

 笑과사전 **노미호-다이**

「飲み放題(노미호-다이)」는 정해진 시간 내에서 수십 종류의 술을 무제한 마실 수 있는 시스템입니다. 굉장히 이득처럼 보이지만, 꼭 조건을 확인해야 합니다. 가게에 따라 다른데 '1,000엔 이상의 안주 1인당 4가지 이상 주문 필수'와 같은 조건이 붙는 곳도 있습니다. 이런 곳에서 「飲み放題」를 시키면 오히려 더 비싼 경우도 있기 때문에, 사전에 이러한 조건을 확인한 후에 주문합시다.

44

영수증 보고 놀랄 확률 99%

추천은
뭐예요?

MP3 듣기

おすすめは なんですか。 오스스메와 난데스까?

단어

- □ 01 **추천** おすすめ 오스스메
- □ 02 **계절** 季節 키세츠
- □ 03 **튀김** 天ぷら 템푸라
- □ 04 **~인분** 〜人分 ~닌붕
- □ 05 **외국인** 外国人 가이코쿠진
- □ 06 **어렵다** 難しい 무즈카시-
- □ 07 **한국** 韓国 캉코쿠

표현

| 어렵 | 기 때문에 | ▶ | 무즈카시- むずかしい | 노데 ので |

🔁 **기쁘 · うれしい** 우레시- | **귀엽 · かわいい** 카와이-

| 왔 | 는데요. | ▶ | 키타 きた | (은)데스케도 んですけど。 |

🔁 **정리했 · かたづけた** 카타즈케타 | **깨졌/고장 났 · こわれた** 코와레타

コ チ ラ ガ 　 メ ニ ュ ー デ ス
こちらがメニューです。
이쪽이 메뉴입니다.

オ ス ス メ ワ 　 난 데 스 까 ?
おすすめは何ですか。
추천 메뉴는 뭔가요?

キ セ ツ ノ 　 템 푸 라 가 　 아 리 마 스 요
季節の天ぷらがありますよ。
계절(제철) 튀김이 있어요.

쟈 ー 　 소 레 오 후 타 리 붕 　 쿠 다 사 이
じゃぁ、それを2人分ください。
그럼, 그걸 2인분 주세요.

고 츄 ー 몽 와 　 오 키 마 리 데 스 까 ?
ご注文はお決まりですか。
주문은 정해지셨나요?

와 타 시 와 　 가 이 코 쿠 진 데 　 메 뉴 ー 가 　 무 즈 카 시 ー 노 데
私は外国人でメニューが難しいので、
オ ス ス メ オ 　 쿠 다 사 이
おすすめをください。
저는 외국인이라 메뉴가(메뉴판 보기가) 어려우니 추천 메뉴를 주세요.

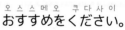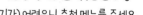

하 이 　 オ ス ス メ ワ 　 키 무 치 치 게 토 　 푸 루 코 기 데 스
はい！おすすめはキムチチゲとプルコギです。
네! 추천 메뉴는 김치찌개와 불고기입니다.

와 타 시 캉 　 코 쿠 카 라 　 키 탄 데 스 케 도
私、韓国から来たんですけど…。
저 한국에서 왔는데요….

🖌과사전 　 **간판 메뉴**

일본어를 어느 정도 아는 사람도 이자카야의 메뉴는 어렵다는 사람이 많습니다. 메뉴판에 어려운 한자가 있거나, 정자(正字) 인쇄물이 아닌 손 글씨로 메뉴를 적는 가게가 있기 때문입니다. 이럴 땐 예문처럼 추천 메뉴를 물어봅시다. 이자카야마다 「看板メニュー(캄방 메뉴-)」라고 불리는 자신 있는 간판 메뉴가 있는데, 점원에 따라서는 '지금 배부르세요?', '많이 드시고 싶으세요?' 등 손님의 상태에 맞게 추천해 주는 곳도 있으니, 꼭 추천 메뉴를 물어보세요.

45

일단 생맥!

とりあえず なま！ 토리아에즈 나마

MP3 듣기

단어

□ 01 **일단** とりあえず 토리아에즈

□ 02 **생(맥주)** 生(ビール) 나마(비-루)
<small>なま</small>

□ 03 **수컷** オス 오스

□ 04 **암컷** メス 메스

□ 05 **어서 오세요** いらっしゃいませ 이랏샤이마세

□ 06 **점장, 가게의 책임자** 店長 텐쵸-
<small>てんちょう</small>

□ 07 **식사** (お)食事 (오)쇼쿠지
<small>しょく じ</small>

□ 08 **나중에, 이따가** あとで 아토데

표현

| 농담 | 은 | 그만두고 | ▶ | じょうだん
죠-단 | は
와 | やめて
야메테 |

🔄 **몰카** · ドッキリ 돗키리 ┃ **낭비** · むだづかい 무다즈카이

| 빨리 | 가져 | 와. | ▶ | はやく
하야쿠 | もって
못테 | きて。
키테 |

🔄 **갔다** · いって 잇테 ┃ **따라** · ついて 츠이테

고 츄 ― 몽 와 ?
ご注文は？
주문은요?

토 리 아 에 즈 　나 마 　후 타 츠 데
とりあえず生2つで。
일단 생맥주 둘로.

카 시 코 마 리 마 시 타 　 아 사 히 토 　키 링 가 　아 리 마 스 가
かしこまりました！アサヒとキリンがありますが。
알겠습니다! 아사히와 기린이 있습니다만.

키 　링 　데
キリンで！
기린으로!

오 스 노 　키 링 데 스 까 ? 메 스 노 　키 링 데 스 까 ?
オスのキリンですか、メスのキリンですか。
수컷 기린이요? 암컷 기린이요?

죠 ― 단 와 야 메 테 　 하 야 쿠 　못 테 키 테 쿠 다 사 이
冗談はやめて、早く持ってきてください。
농담은 그만두고 빨리 가져 오세요.

이 랏 샤 이 마 세
いらっしゃいませ。
어서 오세요.

텐 쵸 ― 　토 리 아 에 즈 　나 마
店長、とりあえず生！
사장님, 일단 생맥주!

오 쇼 쿠 지 와 　도 ― 시 마 스 까 ?
お食事はどうしますか。
식사는 어떻게 하실래요?

아 토 데 　츄 ― 몽 　시 마 스
あとで注文します。
이따가 주문할게요.

꽃과사전　**토리아에즈 나마!**

「とりあえず生(일단 생맥주)」는 일 때문에 피곤한 일본의 직장인들이 빨리 술을 마시고 싶어서 메뉴도 보기 전에 생맥주부터 주문하는 습관에서 생긴 말입니다. 최근엔 「とりあえず、まあ」의 줄임말을 붙여 「とりま生(토리마 나마)」라고 말하는 사람도 있지만, 이 표현은 사람에 따라 무례하다고 느낄 수 있기 때문에 가게의 점원에겐 사용하지 않고, 친구끼리만 사용하는 것이 좋습니다.

46

🎵MP3 듣기

건배!

かんぱい！ 캄파이

단어

- ☐ 01 **여러분** 皆様 みなさま 미나사마
- ☐ 02 **창화, 화답** 唱和 しょうわ 쇼–와
- ☐ 03 **만남** 出会い であい 데아이
- ☐ 04 **건배** 乾杯 かんぱい 캄파이
- ☐ 05 **밝다** 明るい あか 아카루이
- ☐ 06 **미래** 未来 みらい 미라이
- ☐ 07 **겨드랑이** 脇 わき 와키
- ☐ 08 **축하해** おめでとう 오메데토–

표현

| (존경) | 제창 | 해 주세요. | ▶ | ご 고 | しょうわ 쇼–와 | ください。 쿠다사이 |

🔄 주의·ちゅうい 츄-이 ｜ 주목·ちゅうもく 츄-모쿠

| 건배 | 하자. | ▶ | かんぱい 캄파이 | しよう。 시요– |

🔄 산책·さんぽ 산포 ｜ 대청소·おおそうじ 오-소-지

소 레 데 와 미 나 사 마　고 쇼 - 와 쿠 다 사 이
それでは皆様、ご唱和ください！

코 - 노 데 아 이 니 캄 파 이
今日の出会いに乾杯！

그럼 여러분, 제창해 주세요! 오늘의 만남에 건배!

캄 파 이
乾杯！！

건배!!

아 카 루 이 미 라 이 니　캄 파 이
明るい未来に、乾杯！！

밝은 미래에 건배!!

캄 파 이
乾杯！！

건배!!

노 리 콘 시 쿠　쿤 노 와 키 니　캄 파 이
海苔キョンシク君の脇に、乾杯！！！

노리경식 군의 겨드랑이에 건배!!!

도 - 이 우 코 토？
どういうこと！？

무슨 말이야!?

쟈 -　캄 파 이　시 요 -
じゃぁ乾杯しよう！

그럼 건배하자!

쿠 리 코　센 세 - 토　노 리 콘 시 쿠　쿤 노　켓 콩 니　케 - 피 -
くりこ先生と海苔キョンシク君の結婚に！KP！

쿠리코 선생님과 노리경식 군의 결혼에! KP!

케 - 피 -　　오 메 데 토 -
KP！！おめでとうー！！

KP!! 축하해요~!!

🖌️과사전　**MZ세대의 감빠이! KP!**

「ご唱和ください(고쇼-와 쿠다사이)」는 다 같이 어떤 말을 동시에 하자는 의미입니다. 옛날부터 쓰던 말로 주로 교장 선생님이나 부장님이, 딱딱한 술자리에서 하는 느낌이 있습니다. 「KP」는 2019년에 「KanPai(かんぱい; 캄파이)」를 줄여서 만든 유행어로, 영어 그대로 '케-피-'라고 읽습니다. 두 표현 모두 외국인이 하면 100% 재미있기 때문에 꼭 기억해 두시기 바랍니다.

47

하이볼
진한 듯하게.

ハイボール こいめで。 하이보ー루 코이메데

🎧 MP3 듣기

단어

- ☐ 01 **마실 것, 음료** (お)飲み物 (오)노미모노
- ☐ 02 **하이볼** ハイボール 하이보ー루
- ☐ 03 **(맛이) 진하다** 濃い 코이
- ☐ 04 **약간 ~인 정도, ~인듯함** 〜め 〜메
- ☐ 05 **(맛이) 연하다** 薄い 우스이
- ☐ 06 **얼음** 氷 코ー리
- ☐ 07 **많다** 多い 오ー이
- ☐ 08 **북극** 北極 홐쿄쿠

표현

맛은	연한 듯	양은	많은정도	▶	아지와 **あじは**	우스메 **うすめ**	료ー와 **りょうは**	오ー메 **おおめ**

🔄 약간 진한 듯/좀 적은 정도 · こいめ/すくなめ 코이메/스쿠나메

얼음을	가지	러 가다.	▶	코ー리오 **こおりを**	토리 **とり**	니 이쿠 **にいく。**

🔄 영화를 보 · えいがを み 에ー가오 미 | 차로 데리 · くるまで むかえ 쿠루마데 무카에

오 노 미 모 노 와 ?
お飲み物は？

마실 건요?

하 이 보 – 루 濃 이 메 데
ハイボール濃いめで。

하이볼 진하게요.

카 시 코 마 리 마 시 타
かしこまりました。

알겠습니다.

고 잇 쇼 니 카 라 아 게 와 이 카 가 데 스 까 ?
ご一緒に唐揚げはいかがですか。

같이 가라아게는 어떠십니까?

오 네 가 이 시 마 스
お願いします！

부탁드립니다!

오 노 미 모 노 도 – 시 마 스 까 ?
お飲み物どうしますか。

마실 거 어떻게 하실래요?

하 이 보 – 루 薄 め 코 – 리 오 – 메 데
ハイボール薄め氷多めで。

하이볼 연하게, 얼음 많이요.

스 미 마 셍   이 마 코 – 리 가 나 이 노 데
すみません。今氷がないので…。

죄송합니다. 지금 얼음이 없어서….

소 – 난 데 스 네
そうなんですね。

그렇군요.

토 리 니 잇 테 모 이 – 데 스 까 ? 홋 쿄 쿠 마 데
取りに行っていいですか。北極まで。

가지러 가도 될까요? 북극까지.

콤 비 니 니 아 리 마 스 요
コンビニにありますよ！！！

편의점에 있어요!!!

茶과사전 **일본의 하이볼**

한국의 하이볼은 위스키에 주로 토닉워터를 섞죠? 일본의 하이볼은 위스키에 탄산수를 섞어서 한국보다 달지 않습니다. 일본에선 하이볼을 주문할 때, 얼음의 종류를 간얼음과 각얼음 중 선택할 수 있는 곳도 있고, 「濃いめで(코이메데)」라고 주문하면 위스키의 비율을 많이 주는 가게도 많으니까, 일본 여행을 가면 하이볼의 농도와 얼음의 종류를 취향껏 요청해 보세요.

48

OO에 어울리는 일본술을 부탁해요.

🎧MP3 듣기

OOに あう にほんしゅを おねがいします。
OO니 아우 니혼슈오 오네가이시마스

단어

- ☐ 01 **~에 잘 맞다, ~에 어울리다** 　〜に 合う ~니 아우
- ☐ 02 **일본술** 　日本酒 니혼슈
- ☐ 03 **자동차** 　車 쿠루마
- ☐ 04 **말 (동물)** 　馬 우마
- ☐ 05 **해서는 안 됨, 소용없음** 　ダメ 다메
- ☐ 06 **어느** 　どの 도노
- ☐ 07 **부드럽고 달달한 맛 (술)** 　甘口 아마쿠치
- ☐ 08 **드라이하고 떫은 맛 (술)** 　辛口 카라쿠치

표현

이거	에	어울리는 (맞는)	일본술	▶	코레 これ	니 に	아우 あう	니혼슈 にほんしゅ

🔁 **저/남자(남성)** · わたし/だんせい 와타시/단세- | **발/신발** · あし/くつ 아시/쿠츠

달달한 맛	과	떫은 맛	어느 쪽이	▶	아마쿠치 あまくち	토 と	카라쿠치 からくち	도치라가 どちらが

🔁 **소고기/돼지고기** · ぎゅうにく/ぶたにく 규-니쿠/부타니쿠 | **맥주/와인** · ビール/ワイン 비-루/와잉

오마타세 시마시타　사ー몬노　사시미데스
お待たせしました。サーモンの刺身です。

오래 기다리셨습니다. 연어회입니다.

아리가토ー고자이마스
ありがとうございます。

코레니 아우 니혼슈오 오네가이시마스
これに合う日本酒をお願いします。

감사합니다. 이거에 어울리는 일본술을 부탁합니다.

에? 쿠루마데 키탄쟈 나이데스까?
え？車で来たんじゃないですか。

에? 차로 오지 않았어요?

우마데스
馬です。

말이요.

우마모 다메
馬もダメ！

말도 안돼!

스미마셍　도노 니혼슈가 오이시ー데스까?
すみません。どの日本酒がおいしいですか。

저기요. 어느 일본술이 맛있어요?

소ー데스네　아마쿠치토 카라쿠치 도치라가 이ー데스까?
そうですね…甘口と辛口どちらがいいですか。

글쎄요… 달달한 술과 드라이한 술 중 어느 쪽이 좋으세요?

카라쿠치가 스키데스
辛口が好きです。

드라이한 술이 좋아요.

소레나라 코치라가 오스스메데스
それならこちらがおすすめです。

그렇다면 이걸 추천합니다.

과사전 **일본술**

일본술에서 「辛口(からくち, 매운맛)」는 한국의 매운 소스 같은 맛이 아니라, 「甘口(단맛)」인 술과 비교해 감칠맛이나 산미가 느껴지고 뒷맛이 깔끔한 술입니다. 「甘口」 술은 마시기 쉽고 부드러운 느낌이므로 술을 잘 못 마시는 사람에게 추천하고, 「辛口」 술은 술의 맛을 제대로 맛보고 싶은 사람에게 추천합니다. 참고로 일본 사람들이 모두 일본술을 마시는 것은 아닙니다. 쿠리코 센세의 고향인 가고시마(규슈 지방)에서는 '일본술'을 마시는 문화가 따로 없답니다.

49

길에서 잘 확률 5%

몇 조각(씩) 들어 있나요?

∩MP3 듣기

なんきれ(ずつ) はいってますか。 난키레(즈츠) 하잇테 마스까?

단어

- ☐ 01 **세트** セット 셋토
- ☐ 02 **~조각** 〜切れ ~키레
- ☐ 03 **~씩** 〜ずつ ~즈츠
- ☐ 04 **들어가다** 入る 하이루
- ☐ 05 **약~** 約〜 야쿠~
- ☐ 06 **종류** 種類 슈루이
- ☐ 07 **푸드 파이터** フードファイター 후─도 화이타─

표현

| 배 | 가 | 부르다. | ▶ | おなか
오나카 | が
가 | いっぱいだ。
입파이다 |

🔁 **꼬르륵거리다.** · ぺこぺこだ。 페코페코다 | **고프다.** · すいた。 스이타

| 몇 조각 | 씩 | 들어 있어? | ▶ | なんきれ
낭키레 | ずつ
즈츠 | はいってる？
하잇테루? |

🔁 **몇 장** · なんまい 남마이 | **몇 개** · なんこ 낭코

요 닌 데　사 시 미 오　오 나 카　입 파 이　타 베 타 인 데 스 가
4人で刺身をお腹いっぱい食べたいんですが。

네 명이서 회를 배부르게 먹고 싶은데요.

코 치 라 노　사 시 미　셋 토 와　이 카 가 데 쇼 ─ 까 ?
こちらの刺身セットはいかがでしょうか。

이쪽의 회 세트는 어떠실까요?

낭 키 레　즈 츠　하 잇 테　마 스 까 ?
何切れずつ入ってますか。

몇 조각씩 들어 있나요?

야 쿠　줏 슈 루 이 데　상 키 레　즈 츠　하 잇 테　이 마 스 요
約10種類で3切れずつ入っていますよ。

약 10종류로 3조각씩 들어 있습니다.

스 미 마 셍　　카 라 아 게　요 닌 붕　쿠 다 사 이
すみません、唐揚げ4人分ください。

저기요, 가라아게 4인분 주세요.

카 시 코 마 리 마 시 타
かしこまりました！

알겠습니다!

코 레 와　히 토 리　낭 코　즈 츠　하 잇 테　마 스 까 ?
これは一人何個ずつ入ってますか。

이건 한 명당(1인분에) 몇 개씩 들어있나요?

히 토 리　햐 쿠 고 줏 코　즈 츠　아 리 마 스 요
一人150個ずつありますよ。

한 명당 150개씩 있어요.

후 ─ 도 화 이 타 ─ 카 요
フードファイターかよ！

푸드 파이터냐고!

笑과사전 **소식(小食)하는 나라?**

여러분이 일본의 술집에 갔을 때 안주의 양이 적어서 깜짝 놀란 적이 한 번쯤은 있죠? 새우튀김을 시켰는데 2개밖에 나오지 않아서 여행 중 배가 고팠던 경험이 있는 분도 있을 거예요. 그럴 때는 예문처럼 「何切れずつ入ってますか(몇 조각씩 들어 있습니까?)」 「～をお腹いっぱい食べたいんですが(~를 배불리 먹고 싶은데요)」라고 점원에게 물어 보세요. 특히 생선회는 사진과 실제 양이 다른 경우가 종종 있기 때문에, 사전에 물어보는 것을 추천합니다.

해장은
라멘으로 하자.

MP3 듣기

シメは ラーメンに しよう。 시메와 라ー멘니 시요ー

단어

- [ ] 01 **마무리, 해장** 〆(シメ) 시메
- [ ] 02 **짬뽕** チャンポン 챰퐁
- [ ] 03 **마무리 죽** 雑炊 ぞうすい 조ー스이
- [ ] 04 **고르다** 選ぶ えら 에라부
- [ ] 05 **고를 수 있다** 選べる えら 에라베루
- [ ] 06 **돼지 사골 라멘** 豚骨ラーメン とんこつ 통코츠 라ー멘
- [ ] 07 **동족끼리 잡아먹음** 共食い ともぐ 토모구이
- [ ] 08 **돼지** 豚 ぶた 부타

표현

| 하나 더 | 주세요. | ▶ | 모ー히토츠
もう ひとつ | 쿠다사이
ください。 |

🔁 한개더·もう いっこ 모ー 잇코 ㅣ 한잔더·もう いっぱい 모ー 입파이

| 돼지 사골 | 라멘 | ▶ | 톤코츠
とんこつ | 라ー멘
ラーメン |

🔁 간장·しょうゆ 쇼ー유 ㅣ (미소)된장·みそ 미소 ㅣ 소금·しお 시오

모 츠 나 베 노　시 메 니　챰 퐁 카　조 ー ス イ オ　에 라 베 마 스
もつ鍋のシメにチャンポンか雑炊を選べます。

곱창전골 마무리로 짬뽕이나 죽을 고를 수 있어요.

우 ー 웅　　조 ー ス 이 데　오 네 가 이 시 마 스
うーん…雑炊でお願いします。

음… 마무리 죽으로 부탁드립니다.

카 시 코 마 리 마 시 타
かしこまりました。

알겠습니다.

소 레 카 라　　모 츠 나 베 오　모 ー 히 토 츠　쿠 다 사 이
それから、もつ鍋をもう一つください。

그리고 곱창전골을 하나 더 주세요.

마 다　타 베 루 노 ！ ？
まだ食べるの！？

아직 더 먹는 거야!?

쿠 리 코　센 세 ー　시 메 노　라 ー 멘　타 베 마 셍 까 ？
くりこ先生、シメのラーメン食べませんか。

쿠리코 선생님, 해장 라멘 먹지않을래요?

이 ー 데 스 네　쿄 ー 와　통 코 츠　라 ー 멘　타 베 타 이 데 스
いいですね！今日はとんこつラーメン食べたいです！

좋네요! 오늘은 돈코츠(돼지 사골) 라멘 먹고 싶어요!

토 모 구 이 데 스 까 ？
共食いですか。

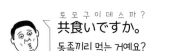

동족끼리 먹는 거예요?

다 레 가　부 타 야 넹
誰が豚やねん！

누가 돼지냐고!

쑻과사전　　**시메**

일본인들은 숙취가 있을 때 대부분 숙취 약이나 숙취 음료를 마십니다. 한국과 다르게 일본에는 술 마신 다음 날 해장하는 문화가 없기 때문입니다. 대신 술 마신 다음 날이 아닌 술 마신 당일에 해장 까지 하는데 이를 「シメ(시메)」라고 합니다. 술을 다 마신 후 우동이나 짬뽕, 라멘이나 죽 등의 탄 수화물을 마지막에 먹어서 술로 지친 위를 달래주곤 합니다. 참고로 쿠리코 센세가 가장 좋아하는 시메는 라멘이고, 숙취 때 마시는 것은 과즙 100% 자몽 주스랍니다.

저자 직강
무료 영상

시바시바
공부하는
일본어

도움

たす　　　かた
助け方

뭔가
곤란한 일 있으세요?

なにか おこまりですか。 나니카 오코마리데스까?

🎧MP3 듣기

단어

- ☐ 01 **뭔가** 　何か _{なに} 나니카
- ☐ 02 **곤란하다** 　困る _{こま} 코마루
- ☐ 03 **약국** 　薬局 _{やっきょく} 약쿄쿠
- ☐ 04 **앞** 　前 _{まえ} 마에
- ☐ 05 **지하철** 　地下鉄 _{ち か てつ} 치카테츠
- ☐ 06 **역** 　駅 _{えき} 에키
- ☐ 07 **진짜, 실물** 　本物 _{ほんもの} 혼모노
- ☐ 08 **~가 되다** 　(명사+)になる ~니 나루

표현

| 약국 | 의 | 앞 | 에 있어. | ▶ | やっきょく 약쿄쿠 | の 노 | まえ 마에 | にある。 니아루 |

🔄 **침대/아래 · ベッド/した** 벳도/시타 ｜ **가방/안 · かばん/なか** 카방/나카

| PTSD | 가 될 | 것같아요. | ▶ | PTSD 파−티−에스디− | になり 니나리 | そうです。 소−데스 |

🔄 **우울증 · うつ** 우츠 ｜ **비만 · ひまん** 히만

콘 니 치 와　나 니 카 오 코 마 리 데 스 까 ?
こんにちは。何かお困りですか。

안녕하세요. 뭔가 곤란한 일 있으세요?

칸 나 무 니　이 키 타 인 데 스 케 도
カンナムに行きたいんですけど…。

강남에 가고 싶은데요….

아 노 약 쿄 쿠 노　마 에 니　치 카 테 츠 노　에 키 가　아 리 마 스
あの薬局の前に地下鉄の駅があります。

저 약국 앞에 지하철역이 있어요.

아 리 가 토 -
ありがとう！

고마워요!

스　이 마 셍
すいません…。

저기요….

하 이　나 니 카 오 코 마 리 데 스 까 ?
はい！何かお困りですか。

네! 뭔가 곤란한 일 있으세요?

비 - 티 - 에 슷 떼　도 코 데　아 에 마 스 까 ?
BTSってどこで会えますか。

BTS는 어디서 만날 수 있어요?

에　혼 모 노 노　비 - 티 - 에 스 데 스 까 ? 와 타 시 데 스
え、本物のBTSですか。私です。

에, 실물 BTS요? 저예요.

피 - 티 - 에 스 디 - 니　나 리 소 - 데 스
PTSDになりそうです。

PTSD 올 것 같아요.

🌸과사전　　**일본인 도와주기**

거리에서 안절부절못하거나 「あの…(저기…)」라고 말을 거는 사람이 있을 때 「はい(네)」, 「どうしたんですか(무슨 일이세요?)」라고 말해도 되지만, 「何かお困りですか(뭔가 곤란하세요?)」라고 말하면 배려가 많은 사람이라는 느낌을 받게 되어 가장 좋은 표현입니다. 외국에서 곤란한 일을 겪게 되면 정말 아찔하죠? 한국을 여행하고 있는 일본인 중 불안해하는 사람을 본다면 꼭 말을 걸어 도와주시기 바랍니다. (물론 외모가 괜찮아야 합니다. 🌸🌸)

52

앞으로 쭉 가서 오른쪽이에요.

MP3 듣기

まっすぐ いって みぎです. 맛스구 잇테 미기데스

단어

☐ 01 **쭉 직진** まっすぐ 맛스구

☐ 02 **편의점** コンビニ 콤비니

☐ 03 **오른쪽** 右 미기

☐ 04 **왼쪽** 左 히다리

☐ 05 **돌다** 曲がる 마가루

☐ 06 **춥다** 寒い 사무이

☐ 07 **안내** 案内 안나이

☐ 08 **대신에** 代わりに 카와리니

표현

| 걸어서 | 얼마나 | 걸려? | ▶ | 아루이테 あるいて | 도레구라이 どれぐらい | 카카루? かかる？ |

🔁 **월급/받아?**·きゅうりょう/もらう？ 큐-료-/모라우？ | **설탕/넣어?**·さとう/いれる？ 사토-/이레루？

| 가지 않는 | 걸 | 추천한다. | ▶ | 이카나이 いかない | 코토오 ことを | 오스스메 스루 おすすめする。 |

🔁 **도망가는**·にげる 니게루 | **빌리는**·かりる 카리루

혼 데 에 키 와 도 코 데 스 까?
ホンデ駅はどこですか。

홍대(입구)역은 어디인가요?

코 노 미 치 오 맛 스 구 잇 테
この道をまっすぐ行って、

콤 비 니 오 미 기 니 마 갓 타 토 코 로 니 아 리 마 스
コンビニを右にまがったところにあります。

이 길을 쭉 가서, 편의점에서 오른쪽으로 돈 곳에 있어요.

도 레 구 라 이 카 카 리 마 스 까?
どれぐらいかかりますか。

얼마나 걸리나요?

아 루 이 테 고 훙 구 라 이 데 스
歩いて5分ぐらいです。

걸어서 5분 정도요.

항 강 와 도 코 데 스 까?
ハンガンはどこですか。

한강은 어디인가요?

사 무 이 노 데 이 카 나 이 코 토 오 오 스 스 메 시 마 스
寒いので行かないことをおすすめします。

추워서 안 가는 걸 추천합니다.

카 노 죠 가 맛 테 루 노 데 안 나 이 시 테 쿠 다 사 이
彼女が待ってるので案内してください。

여자 친구가 기다리고 있으니까 안내해 주세요.

소 레 나 라 와 타 시 가 카 와 리 니 이 키 마 스
それなら私が代わりに行きます！

그럼 제가 대신 갈게요!

난 데 야 넹
なんでやねん！

뭔 개소리야!

쫑과사전   **음치와 길치**

길을 잘 잃거나 방향 감각이 없는 길치를 일본어로는 「方向音痴(호-코-온치)」라고 합니다. 「音痴(온치)」는 음악적 감각이 없는 '음치'라는 뜻인데, '방향'을 나타내는 「方向(호-코-)」가 붙어 길에 대해서도 감각이 없다는 의미로 만들어진 단어입니다. 예를 들어 「方向音痴なので逆の地下鉄に乗ってしまった(길치라서 반대편 지하철을 타버렸다)」, 「え、そこ右じゃなくて左だよ！くりこ先生って方向音痴？(에, 거기 오른쪽이 아니라 왼쪽이야! 쿠리코 선생님은 길치?)」와 같이 사용합니다.

제가
안내할까요?

♫MP3 듣기

わたしが あんない しましょうか。 와타시가 안나이 시마쇼-까?

단어

- [ ] 01 **학원** 　　　　 学院 가쿠잉
- [ ] 02 **(탈것)을 타다** 　 ～に乗る ~니 노루
- [ ] 03 **기린** 　　　　 キリン 키린
- [ ] 04 **~에서, ~부터** 　 (명사+)から ~카라
- [ ] 05 **물론** 　　　　 もちろん 모치롱
- [ ] 06 **그 대신** 　　　 その代わり 소노 카와리
- [ ] 07 **인스타(그램)** 　 インスタ(グラム) 인스타(구라무)

표현

안내할	까요?	▶	안나이시 あんないし	마쇼-까? ましょうか。

🔄 창문을 열·まどを あけ 마도오 아케 | 창문을 닫을·まどを しめ 마도오 시메

그 대신	가르쳐	주세요.	▶	소노 카와리 そのかわり	오시에테 おしえて	쿠다사이 ください。

🔄 주었으면 해.·ほしい。 호시- | 주지 않을래?·くれない？ 쿠레나이?

예시 대화 1

あの、ハンボノ学院に行きたいんですが…。
아 노 한 보 노 가 쿠 잉 니 이 키 타 인 데 스 가

저기, 한본어 학원에 가고 싶은데요….

私が案内しましょうか。
와 타 시 가 안 나 이 시 마 쇼 - 까 ?

제가 안내해 드릴까요?

はい、お願いします。
하 이 오 네 가 이 시 마 스

네, 부탁드립니다.

じゃぁこれに乗ってください。
쟈 - 코 레 니 놋 테 쿠 다 사 이

그럼 여기에 타 주세요.

キリン!?
키 린 ?

기린!?

예시 대화 2

すみません、駅はどこですか。
스 미 마 셍 에 키 와 도 코 데 스 까 ?

저기요, 역은 어디인가요?

ここから15分ぐらい歩きますが…私が案内しましょうか。
코 코 카 라 쥬 - 고 훈 구 라 이 아 루 키 마 스 가   와 타 시 가 안 나 이 시 마 쇼 - 까 ?

여기에서 15분 정도 걸어가는데요… 제가 안내할까요?

いいんですか。
이 인 데 스 까 ?

괜찮으세요?

もちろんです。その代わり、インスタ教えてください。
모 치 롱 데 스   소 노 카 와 리   인 스 타 오 시 에 테 쿠 다 사 이

물론이죠. 그 대신에 인스타그램 알려 주세요.

え…♡
에

에…♡

쏲과사전 **길에서 시작된 사랑**

유튜브 채널을 운영하면서 일본과 한국에서 한일 커플, 한일 부부 구독자 모임을 몇 차례 가졌었는데요. 그중에서 예문처럼 관광객이었던 상대방을 도와주다가 사랑이 시작됐다는 분들이 몇 명 있었습니다. 독학으로 언어 공부를 하다가 우연히 자기 나라에 놀러 온 상대를 만나, 공부한 말을 써보고 싶다는 호기심에서 사랑이 시작되었다고 해요. (물론 외모도 이상형이었겠죠?) 이 책으로 공부하는 여러분들도 언제 그런 일이 생길지 모르니, 매일 이 책을 읽고 공부하며 준비하시길 바랍니다.

비밀번호는 OO입니다.

パスワードは OOです。 파스와-도와 OO데스

🎧 MP3 듣기

단어

☐ 01 **무슨 일이세요?** どうしました(か) 도-시마시타(까)?

☐ 02 **열리다** 開く 아쿠

☐ 03 **열리지 않다** 開かない 아카나이

☐ 04 **필요** 必要 히츠요-

☐ 05 **잠금** ロック 록쿠

☐ 06 **한국어** 韓国語 캉코쿠고

☐ 07 **빨리, 어서** 早く 하야쿠

☐ 08 **알다** 分かる 와카루

표현

| 비밀번호 | 가 | 필요해요. | ▶ | 파스와-도 パスワード | 가 が | 히츠요-데스 ひつようです。 |

🔄 **노력 · どりょく** 도료쿠 | **용기 · ゆうき** 유-키

| 잠금 | 되어 있 | 는데…. | ▶ | 록쿠 ロック | 사레테루 されてる | 케도 けど…。 |

🔄 **제한 · せいげん** 세-겐 | **금지 · きんし** 킹시

도 - 시 마 시 타 ?
どうしました？

무슨 일이세요?

토 이 레 가　아 키 마 셍
トイレがあきません…。

화장실이 안 열려요….

파 스 와 - 도 가 히 츠 요 - 데 스　　파 스 와 - 도 와　○○데 스
パスワードが必要です。パスワードは〇〇です。

비밀번호가 필요해요. 비밀번호는 〇〇예요.

아 리 가 토 - 고 사 이 마 스
ありがとうございます。

감사합니다.

스 미 마 셍　　샤 싱　톳 테　쿠 다 사 이
すみません、写真撮ってください。

저기요, 사진 찍어 주세요.

하 - 이　아　스 마 호 가　록 쿠　사 레 테 루 케 도
はーい！あ、スマホがロックされてるけど…。

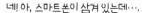

네! 아, 스마트폰이 잠겨 있는데….

파 스 와 - 도 와　하 치 니 하 치 니 데 스
パスワードは8282です！

비밀번호는 8282예요!

소 레　캉 코 쿠 고 데　하 야 쿳 떼 이 우　이 미 데 스
それ韓国語で「早く」っていう意味です。

그거 한국어로 '빨리'라는 의미예요.

와 캇 타 카 라　　하 야 쿠　톳 테　쿠 다 사 이
分かったから、早く撮ってください！

알았으니까, 빨리 찍어 주세요!

🖌️꽃과사전　**한국 화장실은 어려워!**

한국 여행을 오는 일본인들은 한국의 화장실에 대해 자세히 조사하고 옵니다. 일본에선 편의점마다 화장실이 있는 것이 당연하고, 외부 화장실에도 비밀번호가 거의 없기 때문입니다. 쿠리코 센세도 처음 한국에 왔을 때 화장실에 비밀번호가 있다는 사실에 굉장히 놀랐습니다. 게다가 숫자만 입력해선 문이 안 열리고, 마지막에 * 버튼을 누르거나 뚜껑을 닫아야 문이 열려서 난처했습니다. 한국을 방문한 일본인이 화장실 이용을 어려워한다면 꼭 도와주시기 바랍니다. (이성은 도와주면 오히려 실례예요!)

봉투는
어떻게 할까요?

MP3 듣기

ふくろは どうしますか。 후쿠로와 도-시마스까?

단어

□ 01 **봉투**   袋 ^{ふくろ} 후쿠로

□ 02 **유료**   有料 ^{ゆうりょう} 유-료-

□ 03 **필요하다**   要る ^い 이루

□ 04 **선물**   プレゼント 푸레젠토

□ 05 **~용, ~에 쓰이는**   ～用 ^{よう} ~요-

□ 06 **포장**   ラッピング 랍핑구

□ 07 **오이**   きゅうり 큐-리

□ 08 **리본**   リボン 리봉

표현

| 선물 | 용으로 | 포장 | 하다. | ▶ | プレゼント
푸레젠토 | ように
요-니 | ラッピング
랍핑구 | する。
스루 |

🔁 **기록/촬영 ・ きろく/さつえい** 키로쿠/사츠에- | **보존/냉동 ・ ほぞん/れいとう** 호존/레-토-

| 리본 | 을 | 붙여 줘. | ▶ | リボン
리봉 | を
오 | つけて。
츠케테 |

🔁 **이름 ・ なまえ** 나마에 | **불 ・ ひ** 히

예시 대화 1

후쿠로와 도-시마스까?
袋はどうしますか。
봉투는 어떻게 할까요?

오 네 가 이 시 마 스
お願いします。
부탁드립니다(주세요).

후쿠로와 유-료-데스케도 다이죠-부데스까?
袋は有料ですけど大丈夫ですか。
봉투는 유료입니다만 괜찮으세요?

하 이 다이죠-부데스
はい、大丈夫です。
네, 괜찮아요.

예시 대화 2

후쿠로 이 리 마 스 까 ?
袋、要りますか。
봉투 필요하세요?

하 이 푸 레 젠 토 요 - 니 랍 핑 구 데 키 마 스 까 ?
はい、プレゼント用にラッピングできますか。
네, 선물용으로 포장 가능한가요?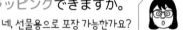

스 미 마 셍 코 레 와 큐 - 리 입 봉 데 스 가 도 - 얏 테
すみません。これはきゅうり一本ですが、どうやって…。
죄송합니다. 이건 오이 하나인데 어떻게….

카 와 이 - 리 봉 오 츠 케 테 쿠 다 사 이
かわいいリボンをつけてください。
귀여운 리본을 붙여 주세요.

얏 테 미 마 스
やってみます！
해 볼게요!

笑과사전 | **선물 포장**

일본인 중엔 포장하는 것을 좋아하는 사람이 많습니다. 작은 것을 선물할 때도 귀엽게 리본을 달거나 포장지로 꾸미는 것을 좋아해서, 편의점이나 슈퍼를 제외하고 대부분 다 포장을 해줍니다. 특히 밸런타인데이 때는 회사 동료들이나 같은 반 친구들에게 초콜릿을 낱개로 포장해서 주는 경우도 많습니다. 이렇게 일본인은 포장에 진심이니까, 일본인한테 선물을 받게 된다면 정성스럽게 포장을 뜯어 주세요.

친절함 70%

버스 승차장은
저쪽이에요.

MP3 듣기

バスのりばは あちらです。 바스 노리바와 아치라데스

단어

- □ 01 **~로 가는, ~행** ～行き ~유키
- □ 02 **타는 곳, 승차장** 乗り場 노리바
- □ 03 **~번** ～番 ~방
- □ 04 **마음** 心 코코로
- □ 05 **영화관** 映画館 에ー가칸
- □ 06 **옆** 隣 토나리
- □ 07 **교차로** 交差点 코ー사텐
- □ 08 **버스 정류장** バス停 바스테ー

표현

영화관	의	옆	▶	에ー가칸 えいがかん	노 の	토나리 となり

🔁 **은행/맞은편 · ぎんこう/むかい** 깅코ー/무카이 | **병원/앞 · びょういん/まえ** 뵤-잉/마에

교차로	에 있는	버스 정류장	▶	코ー사텐 こうさてん	니 아루 にある	바스테ー バスてい

🔁 **가장 가까운 역/백화점 · もよりえき/デパート** 모요리 에키/데파-토

ミョンドン ユキノ バス ノリバワ ドコデスか?
明洞行きのバス乗り場はどこですか。

명동행 버스 승차장은 어디인가요?

あちらです　ロック(ク)セン バンニ ノッテ クダサイ
あちらです。6000番に乗ってください。

저쪽이에요. 6000번 버스를 타세요.

ソレナラ アナタノ ココロ ユキノ バス ノリバワ ドコデスか?
それならあなたの心行きのバス乗り場はどこですか。

그럼 당신의 마음으로 가는 버스 승차장은 어디예요?

アノ エ-ガカンノ トナリデス
あの映画館の隣です。

저 영화관의 옆이에요.

ホントニ アルンカイ
本当にあるんかい！

진짜 있는 거냐!

ソウル エキニ イク バスワ ココニ キマスか?
ソウル駅に行くバスはここに来ますか。

서울역에 가는 버스는 여기로 오나요?

イ-エ　アソコノ コ-サテンニ アル バステ-ニ キマス
いいえ、あそこの交差点にあるバス停に来ます。

아니요. 저기 교차로에 있는 버스 정류장으로 와요.

アリガト- ゴザイマス
ありがとうございます。

감사합니다.

🌻과사전　**일본의 버스**

쿠리코 센세가 살았던 일본의 규슈 지방에서는 버스를 탈 때 뒷문으로 타고, 앞문으로 내리는 것이 일반적이었습니다. 한국에서는 반대로 앞문으로 타고 뒷문으로 내리기 때문에, 한국에서 처음 버스를 탔을 때 센세는 엄청 신기했어요. 참고로 일본에서는 지역에 따라 승하차 위치가 다른데, 도쿄의 도내 버스는 한국과 마찬가지로 앞문으로 타고 뒷문으로 내립니다. 버스는 옆문이 아니냐며 혼자 피식하는 사람은 밤길 조심하시길 바랍니다. (🌻🌻)

택시를 기다리고 있나요?

∩ MP3 듣기

タクシーを まってるんですか。 타쿠시ー오 맛테룬데스까?

단어

☐ 01	**택시**	タクシー	타쿠시ー
☐ 02	**예약**	予約	요야쿠
☐ 03	**~라고 하다**	～という	~토 이우
☐ 04	**그렇군요**	なるほど	나루호도
☐ 05	**도움이 되다, 살아나다**	助かる	타스카루
☐ 06	**괜찮다면**	よかったら	요캇타라
☐ 07	**부르다**	呼ぶ	요부
☐ 08	**시장**	市場	이치바

표현

예약하는 ⌐ 편이 ⌐ 좋다. ▶ 요야쿠 시타 **よやくした** ⌐ 호ー가 **ほうが** ⌐ 이ー **いい。**

🔁 **전철로 가는 · でんしゃでいった** 덴샤데 잇타 | **먼저 사과하는 · さきにあやまった** 사키니 아야맛타

기다리고 있는 ⌐ 거예요? ▶ 맛테루 **まってる** ⌐ (은)데스까? **んですか。**

🔁 **울고 있는 · ないてる** 나이테루 | **겁먹은(쫄아 있는) · ビビってる** 비빗테루

예시 대화 1

あの、タクシーがいないんですが…。
_{아 노 타 쿠 시 - 가 이 나 인 데 스 가}

저기, 택시가 없는데요….

アプリで予約した方がいいですよ。
_{아 푸 리 데 요 야 쿠 시 타 호 - 가 이 - 데 스 요}

어플로 예약하는 게 좋아요..

ウーバータクシーというのがあります。
_{우 - 바 - 타 쿠 시 - 토 이 우 노 가 아 리 마 스}

우버 택시라는 게 있어요.

なるほど！助かります！
_{나 루 호 도 타 스 카 리 마 스}

그렇군요! 도움 됐어요!

예시 대화 2

あの、タクシーを待ってるんですか。
_{아 노 타 쿠 시 - 오 맛 테 룬 데 스 카?}

저, 택시를 기다리고 있나요?

よかったら私が呼びましょうか。
_{요 캇 타 라 와 타 시 가 요 비 마 쇼 - 까?}

괜찮다면 제가 불러드릴까요?

ありがとうございます！
_{아 리 가 토 - 고 자 이 마 스}

감사합니다!

トンデムン市場から…どこまで行きますか。
_{톤 데 문 이 치 바 카 라 도 코 마 데 이 키 마 스 까?}

동대문 시장에서… 어디까지 가세요?

チェジュ島です。
_{체 쥬 토 - 데 스}

제주도요.

無理じゃない？
_{무 리 쟈 나 이?}

무리 아냐?

🍲**과사전** ▶ **택시 요금은 무서워!**

일본은 택시 요금이 상대적으로 비싸서, 일본에서 택시를 타 본 사람은 깜짝 놀란 경험이 있을 거예요. 기본요금이 650엔~750엔부터 시작하고 심야에는 할증료도 더해져, 15분만 타도 2,000엔을 그냥 넘기기도 합니다. 이런 일본 택시의 장점은 기사님이 친절해 짐을 넣고 꺼내는 것을 해주며, 택시 문이 자동으로 열리고 닫힌다는 점 등이 있습니다. 혹시 일본 여행 중에 택시를 이용해야 한다면 예산을 아주 넉넉하게 잡는 게 좋습니다.

🎧 MP3 듣기

떨어뜨렸어요.

おとしましたよ。 오토시마시타요

단어

- [ ] 01 **떨어뜨리다**　　落とす 오토스
- [ ] 02 **이상한**　　変な 헨나
- [ ] 03 **스마트폰**　　スマホ 스마호
- [ ] 04 **잊어버리다**　　忘れる 와스레루
- [ ] 05 **진짜, 정말**　　本当 혼토-
- [ ] 06 **수수료**　　手数料 테스-료-
- [ ] 07 **받다 (공손한 말)**　　いただく 이타다쿠
- [ ] 08 **좋으니까, 됐으니까**　　いいから 이-카라

표현

이야기해	줘서	고마워(요).	▶	하나시테	쿠레테	아리가토-
				はなして	くれて	ありがとう。

🔄 **초대해・しょうたいして** 쇼-타이시테 | **사랑해・あいして** 아이시테

이상한 사람을	만나	버렸다.	▶	헨나 히토니	앗	챳타
				へんな ひとに	あっ	ちゃった。

🔄 **전철을 놓쳐・でんしゃに のりおくれ** 덴샤니 노리오쿠레

아 노 　　쟈 가 리 코 　오 토 시 마 시 타 요
あの、じゃがりこ落としましたよ！

저기, 쟈가리코(감자 과자) 떨어뜨렸어요!

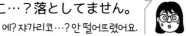

에 ? 쟈 가 리 코 　 ? 오 토 시 테 마 셍
え？じゃがりこ…？落としてません。

에? 쟈가리코…? 안 떨어뜨렸어요.

아 　 하 나 시 테 쿠 레 테 아 리 가 토 ー 　 카 와 이 ー 데 스 네
あ、話してくれてありがとう。かわいいですね。

아, 대화해 줘서 고마워요. 귀엽네요.

아 ー 헨 나 　 히 토 니 　 앗 챳 타
あぁ、変な人に会っちゃった…。

아, 이상한 사람을 만나버렸다….

스 미 마 셍 　　스 마 호 오 　와 스 레 테 마 스 요
すみません、スマホを忘れてますよ！

저기요, 스마트폰 두고 갔어요!

혼 토 ー 다 　 아 리 가 토 ー 고 자 이 마 스
本当だ！ありがとうございます。

진짜다! 감사합니다.

테 스 ー 료 ー 　고 셍 엔 　이 타 다 키 마 스
手数料5,000円いただきます。

수수료 5,000엔 받겠습니다.

이 ー 카 라 　 하 야 쿠 　쿠 다 사 이
いいから早くください。

됐으니까 빨리 주세요.

과자사전 **과자로 헌팅을?**

「じゃがりこ落としましたよ(쟈가리코 과자 떨어뜨렸어요)」는 몇 년 전 도쿄에서 헌팅이나 길거리 홍보를 할 때 자주 사용되었던 멘트입니다. 그 밖에도, 「サトウのご飯落としましたよ(즉석밥 떨어뜨렸어요)」나, 「ツナ缶落としましたよ(참치 캔 떨어뜨렸어요)」 등, 가지고 있지 않을만한 물건을 떨어뜨렸다고 말을 걸어, 웃음을 유발하는 헌팅이 유행했습니다. 일본에서 헌팅을 당했는데 거절하고 싶다면, 시선은 아래를 향하고 「すいません(스이마셍)」이라고 말하며 빠른 걸음으로 떠나는 것이 좋습니다.

친절함 60%

여기에서 충전할 수 있어요.

ここで じゅうでん できます。 코코데 쥬-뎅 데키마스

🎧MP3 듣기

단어

- □ 01 **충전** 　　　　　じゅうでん
充電 쥬-뎅
- □ 02 **콘센트** 　　　　コンセント 콘센토
- □ 03 **계산대** 　　　　レジ 레지
- □ 04 **바로** 　　　　　さっそく
早速 삿소쿠
- □ 05 **끊어지다, 다 되다** 　き
切れる 키레루
- □ 06 **보조 배터리** 　　モバイルバッテリー 모바이루 밧테리-
- □ 07 **빌려주다** 　　　　か
貸す 카스
- □ 08 **아니, 아냐** 　　　いや 이야

표현

| 충전하고 | 싶은 | 데요. | ▶ | 쥬-뎅시
じゅうでんし | 타이
たい | 노데스가
のですが。 |

🔁 **구입하고 · こうにゅうし** 코-뉴-시 **｜ 눕고 · よこになり** 요코니 나리

| 계산대에서 | 충전 | 할 수 있다. | ▶ | 레지데
レジで | 쥬-뎅
じゅうでん | 데키루
できる。 |

🔁 **로비에서 교환 · ロビーで こうかん** 로비-데 코-칸

스 미 마 셍
すみません。
저기요.

쥬 - 뎅 시타이노데스가　콩센토　아리마스까?
充電したいのですが、コンセントありますか。
충전하고 싶은데요, 콘센트 있나요?

레 지 데　쥬 - 뎅　데 키 마 스 요
レジで充電できますよ。
계산대에서 충전할 수 있어요.

소 - 난 데 스 네　삿소쿠 잇테 미마스
そうなんですね！早速行ってみます。
그렇군요! 바로 가 볼게요.

아 -　쥬 - 뎅가 키 레 소 -
あぁ、充電が切れそう。
아, 충전이 끊길 것 같아.

모 바 이 루　밧테리 -　카 시 마 쇼 - 까?
モバイルバッテリー、貸しましょうか。
보조 배터리 빌려드릴까요?

이 야　스 마 호 쟈 나 쿠 테 와 타 시 데 스
いや、スマホじゃなくて私です。
아니, 스마트폰 말고 저요.

도 - 시 롯 테　이 운 다
どうしろっていうんだ。
어쩌라는 거야.

쑻과사전 **사람의 배터리**

배터리가 떨어졌을 때 일본어로 「充電がなくなる(충전이 없어지다)」, 「充電が切れる(충전이 끊기다)」라고 표현합니다. 사람의 체력이나 마음을 회복하는 것도 '충전'이라고 표현할 때가 있는데, 이를 사용한 로맨틱한 츤데레 표현이 있습니다. 이 책을 읽고 있는 남성분들은 주목! 연인을 갑자기 끌어안고 「黙って充電させろ(다맛테 쥬-뎅 사세로; 입 다물고 충전이나 시켜 줘)」라고 말해 보세요. 상대방은 분명 코피를 태평양처럼 흘릴 거예요. (from. 츤데레에 환장하는 쿠리코 센세)

즐겁게
보내세요!

MP3 듣기

たのしんで ください！ 타노신데 쿠다사이

단어

- [ ] 01 **관광**   ^{かんこう}観光 캉코ー
- [ ] 02 **일단**   まず 마즈
- [ ] 03 **피부과**   ^{ひ ふ か}皮膚科 히후카
- [ ] 04 **그 후**   そのあと 소노 아토
- [ ] 05 **즐기다**   ^{たの}楽しむ 타노시무
- [ ] 06 **쇼핑**   ショッピング 숍핑구
- [ ] 07 **~하러 가다**   〜に^い行く 〜니 이쿠
- [ ] 08 **닭살이 돋다, 소름 끼치다**   ^{とりはだ}鳥肌がたつ 토리하다가 타츠

표현

| 가려 | 고 | (생각)해요. | ▶ | ^{이코ー}いこう | ^토と | ^{오모이마스}おもいます。 |

🔁 **보려 · みよう** 미요ー | **도전하려 · ちょうせんしよう** 쵸ー센시요ー

| 데이트 | (하)러 가지 | 않을래요? | ▶ | ^{데ー토}デート | ^{니 이키}にいき | ^{마셍까?}ませんか。 |

🔁 **식사 · しょくじ** 쇼쿠지 | **밥을 먹으 · ごはんを たべ** 고항오 타베

이마카라 소우루 캉코-데스까?
今からソウル観光ですか。
지금부터 서울 관광인가요?

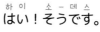

하이 소-데스
はい！そうです。
네! 맞아요.

도코니 이쿤데스까?
どこに行くんですか。
어디에 가요?

마즈 히후카니 잇테
まず皮膚科に行って、
먼저 피부과에 가고,

소노 아토 롯테와-루도니 이코-토 오모이마스
そのあとロッテワールドに行こうと思います。
그 후에 롯데월드에 가려고 해요.

타노신데 쿠다사이
楽しんでください！
즐겁게 보내세요!

아시타와 나니 스룬데스까?
明日は何するんですか。
내일은 뭘 하나요?

톤데문데 숍핑구 시마스
東大門でショッピングします。
동대문에서 쇼핑할 거예요.

이-데스네 쟈- 쿄-와 와타시토 데-토니 이키마셍까?
いいですね。じゃぁ今日は私とデートに行きませんか。
좋네요. 그럼 오늘은 저와 데이트하러 안 갈래요?

혼토-니 이야데 토리하다가 타치마스
本当に嫌で鳥肌がたちます。
진짜 싫어서 소름이 돋아요.

이- 이치니치오
良い一日を。
좋은 하루를 (보내세요).

꽃과사전 **사요-나라**

친구나 지인과 헤어질 때 일본인은 「さようなら(사요-나라)」라고 말하지 않습니다. '사요-나라' 는 더 이상 만나지 않고 평생 이별한다는 느낌이 들기 때문입니다. 대신 「またね(마따네; 또 보 자)」, 「バイバイ(바이바이)」라고 말하는 경우가 많고, 격식을 차려 배웅할 때는, 예문처럼 「良い 一日を(좋은 하루를 보내요)」라고 말하거나 「お気をつけて(조심히 가세요)」라고 말하기도 합 니다. 상황에 따라 적절한 말로 배웅해 보세요!

시바시바
공부하는
일본어

만남

<ruby>出<rt>で</rt></ruby><ruby>会<rt>あ</rt></ruby>い

출신은
어느 쪽이에요?

🎧MP3 듣기

しゅっしんは どちらですか。 슛신와 도치라데스까?

단어

☐ 01 **출신** 出身 슛신
しゅっしん

☐ 02 **어느 쪽** どちら 도치라

☐ 03 **수도꼭지** 蛇口 쟈구치
じゃぐち

☐ 04 **귤** みかん 미캉

☐ 05 **나오다** 出る 데루
で

☐ 06 **유명** 有名 유-메-
ゆうめい

☐ 07 **생가, 고향, 친정** 実家 짓카
じっ か

표현

| 수도꼭지 | 에서 | 주스가 | 나와. | ▶ | 쟈구치
じゃぐち | 카라
から | 쥬-스가
ジュースが | 데루
でる。 |

🔄 **얼굴/붙이 · かお/ひが** 카오/히가 ┃ **코/피가 · はな/ちが** 하나/치가

| 믿을 | 수 없어. | ▶ | 신지
しんじ | 라레나이
られない。 |

🔄 **잊을 · わすれ** 와스레 ┃ **계속할 · つづけ** 츠즈케

しゅっしん 　 ど ち ら で す か ？
出身はどちらですか。
출신은 어느 쪽이에요?

え ひ め で す
愛媛です。
에히메예요.

え ひ めって しゃ ぐ ち か ら 　 み かん ジュー ス が 　 で るって ほん とー で す か ！
愛媛って蛇口からみかんジュースが出るって本当ですか！
에히메는 수도꼭지에서 귤 주스가 나온다는 게 정말이에요?!

は い 　 かん こー ち に 　 あ り ま す
はい、観光地にあります。
네, 관광지에 있어요.

す ご い 　 しん じ ら れ な い
すごい！信じられない！！！
대박! 믿을 수 없어!!!

く り こ せん せー わ 　 ど こ 　 しゅっ しん で す か ？
くりこ先生はどこ出身ですか。
쿠리코 선생님은 어디 출신이에요?

か ご し ま で す
鹿児島です。
가고시마예요.

そー 　 な ん で す ね 　 か ご し まわ な に が 　 ゆー めー で す か ？
そうなんですね。鹿児島は何が有名ですか。
그렇군요. 가고시마는 뭐가 유명한가요?

せん せー の じっ か が 　 ゆー めー で す
先生の実家が有名です。
선생님 생가가 유명해요.

だ れ が 　 い く の
誰が行くの！！
누가 가냐고!!

 쿨과 사전 ▶ **애국심보단 애현심**

쿠리코 센세의 개인적인 의견이지만 일본 사람들은 '일본인으로서'보다 'OO지역 현민으로서'의 자부심이 더 강하다고 생각합니다. 전국의 각 도도부현마다 자신들의 음식, 방언, 관광지, 출신 연예인을 매우 자랑스럽게 생각하고 있고, 그것을 다른 현에게 빼앗기면 크게 화를 냅니다. 센세도 한국에서 가고시마(규슈) 출신의 사람을 만나면 너무 기뻐서 바로 건배를 하고 싶은 마음이 듭니다. 일본인 친구가 생기면 꼭 출신지가 어딘지 묻고 그곳에 대해 관심을 가져 주세요.

취미는
뭐예요?

しゅみは なんですか。 슈미와 난데스까?

🎧MP3 듣기

단어

- [ ] 01 **요가** ヨガ 요가
- [ ] 02 **체형** 体型 타이케—
- [ ] 03 **닥쳐, 입 다물어** 黙れ 다마레
- [ ] 04 **근육** 筋肉 킨니쿠
- [ ] 05 **과자** お菓子 오카시
- [ ] 06 **섞다** 混ぜる 마제루
- [ ] 07 **도움이 되다** 役に立つ 야쿠니 타츠
- [ ] 08 **낭비** 無駄遣い 무다즈카이

표현

| 취미는 | 요가 | 예요. | ▶ | 슈미와 しゅみは | 요가 ヨガ | 데스 です. |

🔄 캠핑·キャンプ 캄푸 | 운동·うんどう 운도-

| 만드는 | 것이 | 취미예요. | ▶ | 츠쿠루 つくる | 코토가 ことが | 슈미데스 しゅみです. |

🔄 인형을 모으는·にんぎょうをあつめる 닝교-오 아츠메루 | 그림을 그리는·えを かく 에오 카쿠

예시 대화 1

쿠 리 코 상　슈 미 와　난 데 스 까
くりこさん、趣味は何ですか。

쿠리코 씨, 취미는 뭐예요?

요 가 데 스
ヨガです。

요가예요.

소 노　타 이 케 ― 데
その体型で！？

그 체형으로!?

다 마 레
黙れ。

닥쳐.

예시 대화 2

킨 니 쿠 가　스 고 이 데 스 네　슈 미 와　난 데 스 까
 筋肉がすごいですね。趣味は何ですか。

근육이 대박이네요. 취미는 뭐예요?

오 카 시 오　츠 쿠 루　코 토 데 스
お菓子を作ることです。

과자를 만드는 겁니다.

기 와 이 ―
かわいい！！

귀여워!!

나 마 쿠 리 ― 무 오　마 제 루　토 키 니　코 노　킨 니 쿠 가　야 쿠 니　타 치 마 스
生クリームを混ぜるときにこの筋肉が役に立ちます。

생크림을 섞을 때 이 근육이 도움이 됩니다.

킨 니 쿠 노　무 다 즈 카 이 쟈　나 이 데 스 까
 筋肉の無駄遣いじゃないですか！？

근육 낭비 아니에요!?

🏌️ 쏨과사전　**결혼과 취미**

 일본에선 취미를 중요하게 생각하는 사람이 많은데, 결혼 조건으로 '취미가 맞아야 한다'라는 것이 예전부터 10위 안에 들어가 있을 정도입니다. 일본의 부부에게 인기 있는 취미는 마라톤(대회에 출전도 많이 함), 등산, 여행, DIY 등이 있습니다. 참고로 저희의 취미는 눕기, 자기, 먹기 등 가축과 비슷했지만, 작년부터 스크린 골프를 치고 있습니다. 물론 스크린 골프를 치고 나서 눕고 자고 먹는 건 변함없지만요. (笑笑)

🎧 MP3 듣기

계기는(요)?

きっかけは？ 킥카케와?

단어

- [ ] 01 **만나다** 　出会う 데아우
- [ ] 02 **계기** 　きっかけ 킥카케
- [ ] 03 **말을 걸다** 　声をかける 코에오 카케루
- [ ] 04 **변태** 　変態 헨타이
- [ ] 05 **시작하다** 　始める 하지메루
- [ ] 06 **쭉, 계속** 　ずっと 즛토
- [ ] 07 **꿈** 　夢 유메
- [ ] 08 **멋지다** 　かっこいい 칵코이-

표현

| 남자 친구와 | 만난 | 계기는? | ▶ | 카레시토 **かれしと** | 데앗타 **であった** | 킥카케와? **きっかけは？** |

🔁 **일을 그만둔** · しごとをやめた 시고토오 야메타 ｜ **차를 산** · くるまをかった 쿠루마오 캇타

| 가게를 하는 | 것이 | 꿈이다. | ▶ | 미세오 야루 **みせをやる** | 코토가 **ことが** | 유메다 **ゆめだ。** |

🔁 **의사가 되는** · いしゃになる 이샤니 나루 ｜ **연예인을 만나는** · げいのうじんにあう 게-노-진니 아우

스 고 쿠　스 테 키 나　카 레 시 데 스 네　　데 앗 타　 킥 카 케 와 ?
すごく素敵な彼氏ですね。出会ったきっかけは？
엄청 멋진 남자 친구네요. 만나게 된 계기는요?

카 레 가　유-에 스 제-데　와 타 시 니　코 에 오　카 케 탄 데 스
彼がUSJで私に声をかけたんです。
남자 친구가 USJ에서 저에게 말을 걸었어요.

스 테 키
素敵！
멋져!

죠 시　토 이 레 데
女子トイレで。
여자 화장실에서.

헨 타 이 쟝
変態じゃん。
변태장아!

텐 쵸-　 스 고 쿠　오 이 시-데 스
店長、すごく美味しいです。
점장님, 정말 맛있어요.

코 노　오 미 세 오　하 지 메 타　킥 카 케 와 ?
このお店を始めたきっかけは？
이 가게를 시작한 계기는요?

미 세 오　야 루　코 토 가　즛 토　유 메 닷 탄 데 스
店をやることがずっと夢だったんです。
가게를 하는 것이 계속 꿈이었어요.

헤 -　　칵 코 이 - 데 스 네
へぇー！かっこいいですね！
헤~! 멋지네요!

쑣과사전　**계기**

「きっかけ(킥카케)」는 어떤 일을 시작하게 된 원인, 이유라는 뜻의 단어입니다. 「日本語を勉強したきっかけはアニメです(일본어를 공부하게 된 계기는 애니메이션입니다)」 이렇게 무언가를 시작하게 된 동기나 이유 등을 설명할 때 사용하며, 회사 면접 때 「弊社を志したきっかけは？(우리 회사를 지망한 계기는?)」이라고 꼭 묻습니다. 친구들끼리 일상적인 대화를 할 때도 자주 사용하는 표현이니까 꼭 외워서 사용해 보세요.

뭐라고
부르면 될까요?

🎧MP3 듣기

なんて よんだら いいですか。 난테 욘다라 이-데스까?

단어

☐ 01 **~라고 합니다**　　　　　～と申します ~토 모-시마스

☐ 02 **(이름 등을) 부르다**　　呼ぶ 요부

☐ 03 **그 밖에, 따로, 달리**　　他に 호카니

☐ 04 **모두, 여러분**　　　　　みんな 민나

☐ 05 **~라든가 (열거)**　　　　～とか ~토카

☐ 06 **불리다**　　　　　　　　呼ばれる 요바레루

☐ 07 **주인님**　　　　　　　　ご主人様 고슈진사마

표현

뭐라고	부르면	돼?	▶	난테 **なんて**	욘다라 **よんだら**	이-? **いい？**

🔁 **뭐를 입으면** · なにを きたら 나니오 키타라 | **누구에게 말하면** · だれに はなしたら 다레니 하나시타라

부르고	싶지	않아.	▶	요비 **よび**	타쿠 **たく**	나이 **ない。**

🔁 **죽고** · しに 시니 | **헤어지고** · わかれ 와카레

노 리 콘 시 쿠 토　모 － 시 마 스
海苔キョンシクと申します。

노리경식이라고 합니다.

노 리 콘 시 쿠　상　난 테　욘 다 라　이 － 데 스 까 ?
海苔キョンシクさん。なんて呼んだらいいですか。

노리경식 씨. 뭐라고 부르면 돼요?

이 케 멘　데 오 네 가 이 시 마 스
イケメン…でお願いします。

꽃미남…으로 부탁드립니다.

요 비 타 쿠　나 인 데 스 가　호 카 니　아 리 마 셍 까 ?
呼びたくないんですが、他にありませんか。

부르고 싶지않은데, 다른 건 없나요?

하 지 메 마 시 테　쿠 리 코 데 스
初めまして、くりこです。

처음 뵙겠습니다, 쿠리코입니다.

하 지 메 마 시 테　쿠 리 코　상
初めまして！くりこさん。

처음 뵙겠습니다! 쿠리코 씨.

민 나 카 라 와　쿠 리 린 토 카　쿠 리 코 챵 토　요 바 레 마 스
みんなからはくりりんとか、くりこちゃんと呼ばれます。

모두에게는 쿠리린이나 쿠리코짱이라고 불립니다.

와 타 시 와　난 테　욘 다 라　이 － 데 스 까 ?
私はなんて呼んだらいいですか。

저는 뭐라고 부르면 되나요?

고 슈 진 사 마 토　욘 데　쿠 다 사 이
ご主人様と呼んでください！

주인님이라고 불러 주세요!

난 데 ?
なんで？

왜지!?

쑹과사전 **일본인에게 별명이란**

일본에도 「お兄さん(오빠)」이나 「お姉さん(언니)」이라는 호칭은 있지만, 꼭 붙여지는 않습니다. 나이가 많아도 「〇〇さん(상; ~씨)」이라며 이름을 부르는 경우가 많고, 친한 친구나 후배에게는 「〇〇ちゃん(짱)」, 「〇〇君(군)」이라고 부르기도 합니다. 이렇게 일본엔 꼭 정해진 호칭이 없어 한국보다 별명 문화가 많기 때문에 「メガネ君(안경 군)」처럼 사람의 특징으로 부르기도 하고, 이름에 「〇〇りん(린)」, 〇〇ぴ(피), 〇〇ちん(칭) 등을 붙여 부르는 경우도 있습니다.

참고로 쿠리코 센세의 별명은 「くりりん(쿠리린)」, 경식 군의 일본 별명은 「キョン君(경쿤)」이에요.

술
마실 수 있어요?

🎧MP3 듣기

おさけ のめますか。 _{오사케 노메마스까?}

단어

- □ 01 **무알코올** — ノンアルコール _{농 아루코-루}
- □ 02 **소프트드링크, 청량음료** — ソフトドリンク _{소후토 도링쿠}
- □ 03 **마음을 쓰다, 걱정하다** — 気遣う _{키즈카우}
- □ 04 **입** — 口 _{쿠치}
- □ 05 **꽤** — 結構 _{켓코-}
- □ 06 **3차** — 3次会 _{산지카이}
- □ 07 **밤** — 夜 _{요루}
- □ 08 **이제부터** — これから _{코레카라}

표현

| 전혀 | 마실 수 | 없어요. | ▶ | 젠젠
ぜんぜん | 노메
のめ | 마셍
ません。 |

🔄 **걸을 수·あるけ** 아루케 | **쓸수·かけ** 카케

| 3차 | 까지 | 마십 | 시다. | ▶ | 산지카이
さんじかい | 마데
まで | 노미
のみ | 마쇼-
ましょう。 |

🔄 **10시/잡·じゅうじ/ね 쥬-지/네** | **마지막/힘냅·さいご/がんばり 사이고/감바리**

くりこさんはお酒飲めますか。
쿠 리 코 상 와 오 사 케 노 메 마 스 까 ?

쿠리코 씨는 술 마실 수 있나요?

全然飲めません…。
젠 젠 노 메 마 셍

전혀 못 마셔요….

分かりました。すみません！
와 카 리 마 시 타 스 미 마 셍

알겠습니다. 저기요!

ノンアルコールかソフトドリンクのメニューください。
농 아 루 코 - 루 카 소 후 토 도 링 쿠 노 메 뉴 - 쿠 다 사 이

무알코올이나 소프트드링크 메뉴 주세요.

わぁ…気遣ってくれてありがとうございます！
와 - 키 즈 캇 테 쿠 레 테 아 리 가 토 - 고 자 이 마 스

와… 마음 써 주셔서 감사합니다!

居酒屋に行きましょう。
이 자 카 야 니 이 키 마 쇼 -

술집에 갑시다.

キョンシクさんいける口ですか。
콘 시 쿠 상 이 케 루 쿠 치 데 스 까 ?

경식 씨 술 잘 마셔요?

はい、ビールは結構飲みます。
하 이 비 - 루 와 켓 코 - 노 미 마 스

네, 맥주는 꽤 마셔요.

今日は3次会まで飲みましょう！
쿄 - 와 산 지 카 이 마 데 노 미 마 쇼 -

오늘은 3차까지 마셔요!

はい！夜はこれからですね！！
하 이 요 루 와 코 레 카 라 데 스 네

네! 밤은 이제부터네요!

술과 사전   **술이 강해요? 약해요?**

일본에선 술을 잘 마시고 못 마시는 것을 '술이 「強い(강하다)/弱い(약하다)」'라고 표현합니다. 한국과 비슷하죠? 이외에도 술을 잘 마시는 사람에 대한 표현은 많은데, 「行ける口(이케루쿠치)」, 「酒豪(슈고-)」, 「のんべぇ(논베-)」, 「酒好き(사케즈키)」 등이 있습니다. 반대로 술을 전혀 못 마시는 사람을 「下戸(게코)」라고 표현을 합니다. 다 명사이기 때문에, 말할 땐 「私はのんべぇです(와타시와 논베-데스)」, 「下戸なので飲めません(게코나노데 노메마셍)」처럼 표현합니다.

실내파?
실외파?

インドアは？ アウトドアは？ 인도아하? 아우토도아하?

🎧MP3 듣기

단어

- ☐ 01 **아싸, 해냈다 (감탄사)**　やった 얏타
- ☐ 02 **휴무**　休み 야스미
- ☐ 03 **뒹굴뒹굴**　ゴロゴロ 고로고로
- ☐ 04 **낚시**　釣り 츠리
- ☐ 05 **권하다, 꼬시다**　誘う 사소우
- ☐ 06 **가슴**　おっぱい 옵파이
- ☐ 07 **엉덩이**　お尻 오시리
- ☐ 08 **고르다**　選ぶ 에라부

표현

실내　파?　실외　파? ▶ 인도아 インドア　は?　아우토도아 アウトドア　は?

🔄 긴(머리)/짧은(머리) · ロング/ショート 롱구/쇼-토 ｜ 강아지/고양이 · いぬ/ねこ 이누/네코

권하고　싶었다. ▶ 사소이 さそい　타캇타 たかった。

🔄 가고 · いき 이키 ｜ 먹고 · たべ 타베

やったー。明日は休み！
<ruby>や<rt>얏</rt></ruby>っ<ruby>た<rt>타</rt></ruby>ー <ruby>아시타와 야스미</rt></ruby>

아싸~ 내일은 휴무!

くりこ先生はインドア派ですか、アウトドア派ですか。
쿠리코 센세ー와 인도아하데스까? 아우토도아하데스까?

쿠리코 선생님은 실내파예요? 실외파예요?

インドア派だから、家でゴロゴロするのが好きです。
인도아하다카라 이에데 고로고로스루 노가 스키데스

실내파여서, 집에서 뒹굴뒹굴거리는 걸 좋아해요.

残念！釣りに誘いたかったけど…。
잔넨 츠리니 사소이타캇타 케도

아쉽다! 낚시하자고 권하고 싶었는데….

海苔キョンシク君、おっぱい派？お尻派？
노리콘시쿠 쿤 옵파이 하? 오시리하?

노리경식 군, 가슴파? 엉덩이파?

私はどちらも大好きです。
와타시와 도치라모 다이스키데스

저는 둘 다 너무 좋아요.

もう！どちらか一つ選んでください。
모ー 도치라카 히토츠 에란데 쿠다사이

아 정말! 둘 중 하나 골라 주세요.

選ぶのに3年ぐらいかかりそうです…。
에라부노니 산넨 구라이 카카리소ー데스

고르는 데에 3년 정도 걸릴 것 같아요….

쑟과 사전 **쿠리코파? 경식파?**

일본에서는 상반된 것을 비교할 때 「○○派(하)？」라고 묻는 경우가 많습니다. 예를 들어 「旅行は 国内派？海外派？(여행은 국내파? 해외파?)」, 「付き合うなら年上派？年下派？(사귄다면 연상파? 연하파?)」 등이 있습니다. 질문에 대한 선택지가 정해져 있기 때문에 대답하기 쉽고, 그로 인해 대화가 활발해진다는 이유로 데이트나 소개팅할 때 자주 사용됩니다.

그럼, 여러분께 질문입니다. 「鮭の皮は食べる派？残す派？(연어 껍질은 먹는 편? 남기는 편?)」

안부
전해 주세요.

🎧MP3 듣기

よろしく おつたえ ください。 요로시쿠 오츠타에 쿠다사이

단어

☐ 01 **어제** 　　昨日(きのう) 키노-

☐ 02 **바로** 　　すぐ 스구

☐ 03 **(집에) 돌아가다** 　帰(かえ)る 카에루

☐ 04 **신혼** 　　新婚(しんこん) 싱콘

☐ 05 **늦게까지** 　遅(おそ)くまで 오소쿠마데

☐ 06 **남편(분)** 　旦那(だんな)(さん) 단나(상)

☐ 07 **친구** 　　友達(ともだち) 토모다치

☐ 08 **캠핑** 　　キャンプ 캼푸

표현

늦게까지	미안해요.	▶	오소쿠마데 **おそくまで**	스미마셍 **すみません。**

🔁 **수고했어.·** おつかれさま。오츠카레사마 | **열심히 했네요.·** がんばったね。감밧타네

여러모로	고마워.	▶	이로이로 **いろいろ**	아리가토- **ありがとう。**

🔁 **나야말로·** こちらこそ 코치라코소 | **정말·** どうも 도-모

쿠 리 코 센 세 - 키 노 - 와 아 리 가 토 - 고 자 이 마 시 타
くりこ先生、昨日はありがとうございました。
쿠리코 선생님, 어제는 감사했습니다.

아 노 아 토 마 타 노 미 마 시 타 까?
あの後また飲みましたか。
그 후에 또 마셨어요?

이 에 스 구 카 에 리 마 시 타 요 싱 콘 나 노 니 오 소 쿠 마 데 스 미 마 셍
いえ、すぐ帰りましたよ。新婚なのに遅くまですみません。
아니요, 바로 돌아갔어요. 신혼인데 늦게까지 미안해요.

다 이 죠 - 부 데 스 요 마 타 노 미 마 쇼 - 네
大丈夫ですよ！また飲みましょうね。
괜찮아요! 또 마셔요.

하 이 단 나 상 니 요 로 시 쿠 오 츠 타 에 쿠 다 사 이
はい！旦那さんによろしくお伝えください。
네! 남편분한테 안부 전해 주세요.

키 오 츠 케 테 니 혼 니 카 엣 테 쿠 다 사 이
気を付けて日本に帰ってください。
일본에 조심히 돌아가세요.

이 로 이 로 아 리 가 토 -
色々ありがとう。
여러모로 고마워.

마 타 와 타 시 노 토 모 다 치 토 민 나 데 걍 푸 니 이 키 마 쇼
また私の友達とみんなでキャンプに行きましょう。
또 제 친구들과 다 같이 캠핑하러 가요.

웅 토 모 다 치 니 모 요 로 시 쿠 네 마 타 네
うん、友達にもよろしくね！またね。
응, 친구들에게도 안부 전해 줴! 또 봐.

마 타 아 이 마 쇼 -
また会いましょう！！
또 만나요!!

꽃과사전 **안부 전달**

「〇〇によろしく伝えてください(〇〇에게 잘 부탁한다고 전해 주세요)」는 직역한 그대로의 뜻이 아닌 안부를 전해달라는 뜻입니다. 대화하는 상대의 가족이나 배우자, 애인 등에게 안부를 물을 때 사용하며, 이 말을 전할 땐 「〇〇さんがよろしくと言ってました(〇〇 씨가 안부 전해 달라고 했어요)」라고 말하면 됩니다. 짧은 한마디로 매너가 좋아 보일 수 있는 표현이니 꼭 외워서 사용해 보세요!

──────── 친해질 확률 60%

연락처
물어봐도 될까요?

 MP3 듣기

れんらくさき きいても いいですか。 렌라쿠사키 키-테모 이-데스까?

단어

□ 01 **라인(메신저 앱)** ライン 라인

□ 02 **큐알 코드** QRコード 큐-아-루 코-도

□ 03 **추가** 追加 츠이카

□ 04 **외계인** エイリアン 에이리안

□ 05 **이모티콘** スタンプ 스탐푸

□ 06 **보내다** 送る 오쿠루

□ 07 **모르다** 知らない 시라나이

□ 08 **동안** 童顔 도-간

표현

| 가르쳐 | 줄 수 있어요? | ▶ | 오시에테 おしえて | 모라에 마스까? もらえますか。 |

🔄 **보내** · おくって 오쿳테 | **빌려** · かして 카시테

| 확인 | 해 | 봐 | 주세요. | ▶ | 카쿠닌 かくにん | 시테 して | 미테 みて | 쿠다사이 ください。 |

🔄 **전화** · でんわ 뎅와 | **시식** · ししょく 시쇼쿠

쿠 리 코 상 　 라 인 　오 시 에 테 　 모 라 에 마 스 까?
くりこさん、ライン教えてもらえますか。
쿠리코 씨, 라인 가르쳐 주실 수 있나요?

아 　 큐-아-루코-도 다시마스네
あ、QRコード出しますね。
아, 큐알 코드 드릴게요.

쟈- 와타시가 요미마스 　 츠이카 시마시타
じゃぁ私が読みます！追加しました。
그럼 제가 읽을게요(큐알코드 스캔할게요)! 추가했어요.

에 이 리 안 노 　스 탐 푸 　오 쿳 타 노 데 　카 쿠 닌 　시 테 미 테 쿠 다 사 이
エイリアンのスタンプ送ったので確認してみてください。
외계인 이모티콘 보냈으니까 확인해봐 주세요.

쿈 시 쿠 　 상 떼 　 캇 코 이 - 데 스 네
キョンシクさんってかっこいいですね。
경식 씨는 잘생겼네요.

요쿠 　이 와 레 마 스
よく言われます。
자주 듣습니다.

인 스 타 　 키 - 테 모 　 이 - 데 스 까?
インスタ聞いてもいいですか。
인스타 물어봐도 될까요?

인 스 탓 떼 　 난 데 스 까?
インスタ…って何ですか。
인스타…라는 게 뭔가요?

에? 인 스 타 　시 라 나 이? 난사이데스까?
え？インスタ知らない？何歳ですか。
에? 인스타 몰라요? 몇 살이에요?

햐쿠니사이데스
102歳です。
102살입니다.

도 - 간 데 스 네
童顔ですね。
동안이네요.

쑥과사전　**X(구 트위터)**

일본에서 가장 인기 있는 SNS는 당연히 라인(LINE)이죠? 뒤를 이어 2위 유튜브, 3위 인스타그램, 4위 X(구 트위터)를 많이 사용한다고 합니다. 이렇게 일본에선 X를 사용하는 사람도 많은데 그 이유는 크게 두 가지가 있다고 해요. 첫째는 익명으로 글을 쓰기 때문에 눈치 보지 않고 속마음을 자유롭게 표현할 수 있다는 것, 둘째는 정보 확산이 빠르다는 것입니다. 참고로 지진이 많은 일본에서는 지진 발생 시 실시간으로 정보를 파악하기 위해 X를 보는 사람이 많습니다.

잘 통하는
짧은 농담

ウケる こネタ 우케루 코네타

🎧 MP3 듣기

단어

- ☐ 01 **잘함, 잘해** 　　上手 ^{じょうず} 죠−즈
- ☐ 02 **사귀다** 　　付き合う ^{つ あ} 츠키아우
- ☐ 03 **가장, 제일** 　　一番 ^{いちばん} 이치방
- ☐ 04 **네놈** 　　貴様 ^{き さま} 키사마
- ☐ 05 **살다, 생존하다** 　　生きる ^い 이키루
- ☐ 06 **무섭다** 　　怖い ^{こわ} 코와이
- ☐ 07 **가르치다, 알려주다** 　　教える ^{おし} 오시에루

표현

| 좋아하는 | 일본어는 | 뭐야? | ▶ | 스키나
すきな | 니홍고와
にほんごは | 나니?
なに？ |

🔁 **어려운 · むずかしい** 무즈카시− ┃ **처음 외운(배운) · はじめて おぼえた** 하지메테 오보에타

| 돌아갈 수 있다 | (라)고 생각하 | 지 마. | ▶ | 카에레루
かえれる | 토 오모우
と おもう | 나
な。 |

🔁 **이겼다 · かった** 캇타 ┃ **이걸로 끝났다 · これで おわった** 코레데 오왓타

콘 시 쿠 　 상 떼 　 니 홍 고 　 죠 - 즈 데 스 네
キョンシクさんって日本語上手ですね。

경식 씨는 일본어 잘하시네요.

아 리 가 토 - 고 자 이 마 스
ありがとうございます。

감사합니다.

와 타 시 토 　 츠 키 아 이 마 셍 까 ?
私と付き合いませんか。

저와 사귀지않을래요?

와 타 쉬 　 니 홍 고 　 와 카 리 와 셍
ワタシニホンゴワカリマセン。

저눈 일본어룰 몰라효.

오 이
おい。

야 인마.

콘 시 쿠 　 상 가 　 이 치 방 　 스 키 나 　 니 홍 고 와 　 난 데 스 까 ?
キョンシクさんが一番好きな日本語は何ですか。

경식 씨가 가장 좋아하는 일본어는 뭐예요?

키 사 마 　 이 키 테 카 에 레 루 토 　 오 모 - 나 요
貴様、生きて帰れると思うなよ。

네놈, 살아 돌아갈 수 있다고 생각하지 마라.

코 와 이 　 　 소 레 　 다 레 가 　 오 시 에 마 시 타 까 ?
怖い！それ誰が教えましたか。

무서위! 그거 누가 가르쳐 줬어요?

쿠 리 코 　 센 세 - 데 스
くりこ先生です。

쿠리코 선생님이요.

꽃과사전 **외국인인척하는 외국인**

「ワタシニホンゴワカリマセン(저눈 일본어룰 몰라효)」는 예전부터 사용된 유머로 난처한 상황이나, 지루한 말을 듣고 있을 때 그 자리를 피하기 위한 표현입니다. 외국인처럼 어눌한 말투로 말하는 것이 요령으로, 일본인이 사용하는 경우도 있습니다. 이 표현을 사용할 땐 눈을 절대 마주쳐서는 안 되며, 끝까지 일본어가 서툰 연기를 유지하는 것이 중요합니다. 적절한 상황에 사용하면 주변 사람들의 배꼽을 모두 빠뜨릴 수 있는 엄청난 표현이니 타이밍을 잘 맞춰서 사용해 보세요.

70

친해질 확률 95%

MP3 듣기

빈말

おせじ 오세지

단어

- □ 01 **(친구끼리 가볍게) 안녕** ヤッホー 얏호−
- □ 02 **연상/연하** 年上／年下 토시우에/토시시타
- □ 03 **할아버지** おじいちゃん 오지−짱
- □ 04 **유전** 遺伝 이덴
- □ 05 **인기가 있다** モテる 모테루
- □ 06 **기쁘다** 嬉しい 우레시−
- □ 07 **빈말** お世辞 오세지

표현

| 연하 | 인가라고 | 생각했어. | ▶ | 토시시타 としした | 카토 かと | 오못타 おもった。 |

🔄 **휴무 · やすみ** 야스미 | **한국인 · かんこくじん** 캉코쿠진

| 인기 많을 | 것 같 | 네요. | ▶ | 모테 モテ | 소− そう | 데스네 ですね。 |

🔄 **맛없을 · まず** 마즈 | **졸린 · ねむ** 네무

양호- 카와이-네 이쿠츠?
ヤッホー！かわいいね！いくつ？

까꿍! 귀엽네! 몇 살?

아 노 하치쥬-로쿠데스
あの、86です。

저기… 86이에요.

에? 못토 토시시타카토 오못타
え！？もっと年下かと思った！！！

에!? 더 어린 줄 알았어!!!

난사이니 미에마스까?
何歳に見えますか♡

몇 살로 보이나요♡

하치쥬-고사이
85歳。

85살.

코노야로-
コノヤロー。

이 자식이.

쿈시쿠 쿤 세가 타카이데스네
キョンシク君、背が高いですね。

경식 군, 키가 크네요.

오지-쨩카라노 이덴데스
おじいちゃんからの遺伝です。

할아버지께 받은 유전입니다.

모테소-데스네
モテそうですね。

인기 많을 것 같아요.

에? 소-데스까? 우레시-
え！？そうですか。うれしい！

에? 그래요? 기뻐요!

오세지데스
お世辞です。

빈말이에요.

🖐과사전　▶　**오해는 금물!**

일본어로 상대방을 기분 좋게 하는 표현으로는 앞의 예문처럼 사람을 칭찬하는 「お世辞(빈말)」 외에도, 사회생활을 하며 인간관계를 원활하게 하고자 사용하는 「社交辞令(샤코-지레-)」가 있습니다. 「社交辞令(사교적인 인사말)」의 예로는 「今度ご飯行きましょう(다음에 밥 먹으러 가요)」나 「また誘ってください(또 불러 주세요)」 등이 있습니다. 만약 여러분이 일본 사람에게 칭찬을 받는다면, 호감이라고 오해하지 말고 거울을 보며 현실적으로 생각해 보시길 바랍니다. (笑笑)

저자 직강
무료 영상

시바시바
(しばしば)
공부하는
일본어

온라인

SNS · ゲーム

71

고수처럼 보일 확률 80%

지금 갈게!

🎧MP3 듣기

いま いくぞ！ 이마 이쿠조!

단어

- □ 01 **위험하다, 큰일이다** やばい 야바이
- □ 02 **돕다** 助ける 타스케루
- □ 03 **맡기다** 任せる 마카세루
- □ 04 **지금** 今 이마
- □ 05 **별거 아니다** 大したこと(じゃ)ない 타이시타 코토(쟈) 나이
- □ 06 **무적** 無敵 무테키
- □ 07 **신** 神 카미
- □ 08 **~(하는) 중** ～中 ~츄-

표현

| 도와 | 줘. | ▶ | たすけて 타스케테 | くれ。 쿠레 |

🔄 바꿔 · かえて 카에테 ㅣ 좀 봐(눈감고 넘어가) · かんべんして 캄벤시테

| 공부 | 중 | 입니까? | ▶ | べんきょう 벵쿄- | ちゅう 츄- | ですか。 데스까? |

🔄 일(업무) · しごと 시고토 ㅣ 영업 · えいぎょう 에-교-

아 - 야 바 이 타 스 케 테 쿠 레
あぁ、ヤバい！助けてくれ！！！

아, 위험해! 도와줘!!!

오 레 니 마 카 세 로　이 마 이 쿠 조
俺に任せろ！今行くぞ！

나한테 맡겨! 지금 갈게!

와 - 아 리 가 토 -
わぁ、ありがとう。

와~ 고마워.

이 - 에　타 이 시 타　코 토　아 리 마 셍
いいえ、大したことありません。

아뇨, 별거 아니에요.

(게임에 로그인해서)

콘 니 치 와 -
こんにちはー。

안녕하세요.

콘 니 치 와 -
こんにちはー。

인녕하세요.

요 로 시 쿠　오 네 가 이 시 마 스　와 타 시 와　무 테 키 노　카 미 데 스
よろしくお願いします。私は無敵の神です。

잘 부탁드립니다. 저는 무적의 신입니다.

니 홍 고　벵 쿄 - 츄 - 데 스 까?　죠 - 즈 데 스 네
日本語勉強中ですか。上手ですね！

일본어 공부 중이세요? 잘하시네요!

니 혼 진 데 스
日本人です。

일본인입니다.

쏯과사전 ▶ **일본의 게임 문화**

일본에서는 '리그 오브 레전드(LOL)' 같은 PC 게임보다 '닌텐도 스위치', '플레이스테이션' 같이 게임기를 이용한 게임을 많이 합니다. 대화를 할 때 '닌텐도 DS 세대', 'Wii 세대', '스위치 세대'처럼 게임의 종류에 따라 세대를 나누기도 합니다. 참고로 쿠리코 센세가 가장 좋아하는 게임은 닌텐도 스위치의 '모모타로(桃太郎) 전철'이에요. 주사위 게임인데 친구나 가족들과 함께 하면 긴장감이 엄청나서 시간 가는 줄 모르고 합니다. 일본의 지리를 외우기도 좋으니, 여러분도 꼭 해보시길 바랍니다.

역시네요.

さすがです(ね)。 사스가데스(네)

🎧MP3 듣기

단어

- [ ] 01 **대단하다** すごい 스고이
- [ ] 02 **왕자/여왕** 王子/王女 ^{おう じ / おう じょ} 오-지/오-죠
- [ ] 03 **역시, 과연** さすが 사스가
- [ ] 04 **팀** チーム 치-무
- [ ] 05 **쓰러뜨리다** 倒す ^{たお} 타오스
- [ ] 06 **프로** プロ 푸로
- [ ] 07 **썩다** 腐る ^{くさ} 쿠사루
- [ ] 08 **호박** カボチャ 카보챠

표현

| 자 | 야해(지 않으면 안 돼). | ▶ | 네 ね | 나이토 이케나이 ないといけない。 |

🔄 잘라 · きら 키라 ｜ (화분 등에) 물을 줘 · みずを やら 미즈오 야라

| 이래 봬도 | 프로 | 입니다. | ▶ | 코-미에테 こうみえて | 푸로 プロ | 데스 です。 |

🔄 학생 · がくせい 가쿠세- ｜ A형 · エーがた 에-가타

(멋진 플레이를 한 사람을 봤을 때)

스 고 이 　 　 히 만 　 오 － 지 상 　 　 사 스 가 데 스
すごい！！肥満王子さん！さすがです！
대박!! 비만왕자님! 역시 (대단하시)네요!

아 　 아 리 가 토 － 고 자 이 마 스 　 　 와 키 게 오 － 죠 상
あ、ありがとうございます！脇毛王女さん。
아, 감사합니다! 겨드랑이털여왕님.

모 시 　 요 캇 타 라 　 　 치 － 무 니 　 나 리 마 셍 까 ？
もしよかったら、チームになりませんか。
혹시 괜찮다면 팀이 되지 않을래요?

스 미 마 셍 　 　 소 로 소 로 　 네 나 이 토 　 이 케 나 이 노 데
すみません。そろそろ寝ないといけないので…。
죄송해요. 슬슬 자야 해서….

와 － 　 타 오 시 타 　 게 － 무 　 죠 － 즈 데 스 네
わぁ！倒した！ゲーム上手ですね。
와! 쓰러뜨렸다! 게임 잘하시네요.

하 이 　 코 － 미 에 테 　 푸 로 데 스
はい、こう見えてプロです。
네, 이래 봬도 프로입니다.

에 ？ 　 스 고 이 데 스 　 　 나 니 카 아 이 테 무 히 토 츠 쿠 다 사 이
え！？すごいです！何かアイテムーつください。
에?! 대박이네요! 뭔가 아이템 하나 주세요.

하 이 　 코 레 　 쿠 삿 타 　 카 보 챠 데 스
はい。これ、腐ったカボチャです。
네. 이거 썩은 호박입니다.

젠 타 이 　 츠 카 에 나 이
絶対使えない！
절대 쓸 수 없어!

菜과사전　**넷 카페**

한국의 PC방과 비슷한 곳으로 일본에는 「ネットカフェ(넷 카페)」라는 곳이 있습니다. 일본 여행을 가봤던 분은 한 번쯤 본 적이 있죠? 「ネットカフェ(넷토카훼)」는 단순히 컴퓨터만 하는 곳이 아니고, 샤워실은 물론 여성 전용층, 한 사람만 잘 수 있을 정도의 매트가 있는 방, 카레와 음료 무한 리필 등의 메뉴가 있는 곳도 있습니다. 역 근처에 입지가 좋은 넷 카페도 많기 때문에, 호텔에서 묵지 않고 넷 카페에서 숙박을 경험하는 외국인 관광객도 많습니다. 혼자 일본에 간다면 꼭 한번 이용해 보세요.

매너를 지켜 주세요.

マナーを まもってください。 마나-오 마못테 쿠다사이

🎧MP3 듣기

단어

☐ 01 **매너** マナー 마나-

☐ 02 **지키다** 守る 마모루

☐ 03 **회복** 回復 카이후쿠

☐ 04 **약** 薬 쿠스리

☐ 05 **헷갈리다, 복잡하다, 까다롭다** ややこしい 야야코시-

☐ 06 **욕** 悪口 와루구치

☐ 07 **나쁘다** 悪い 와루이

☐ 08 **(솜씨가) 서투름, 못함, 못해** 下手 헤타

표현

| 회복 | 을 위해서 | 필요하다. | ▶ | 카이후쿠
かいふく | 노 타메니
のために | 히츠요-다
ひつようだ。 |

🔁 이사 · ひっこし 힉코시 ┃ 진학 · しんがく 싱가쿠

| 욕 | 만 | (말)하다. | ▶ | 와루구치
わるぐち | 바카리
ばかり | 이우
いう。 |

🔁 잔소리 · こごと 코고토 ┃ 농담 · じょうだん 죠-단

헤 헤 ─ 엥
へへーん！

헤헤헤！

에 ? 웅 코 바 쿠 단 ? 마 나 ─ 오 마 못 테 쿠 다 사 이
え？「うんこ爆弾」？！マナーを守ってください。

에? '똥폭탄'?! 매너를 지켜 주세요.

하 ─ ? 코 레 와 타 이 료 쿠 카 이 후 쿠 노 타 메 니 히 츠 요 ─ 나 쿠 스 리 데 스 요
はぁ？これは体力回復のために必要な薬ですよ！

뭐야? 이건 체력 회복을 위해 필요한 약이에요!

나 마 에 가 야 야 코 시 ─ 와
名前がややこしいわ！！

(약) 이름이 헷갈려!!

바 카 야 로 ─ 쿠 소 쿠 소
バカヤロー！クソ！クソ！

바보 자식! 에이씨! 에이씨!

코 라
コラ！

야 인마!

난 다 코 노 야 로 ─
なんだコノヤロー！

뭐야 이 자식아!

삭 키 카 라 와 루 구 치 바 카 리 잇 테 마 나 ─ 가 와 루 이 데 스 요
さっきから悪口ばかり言って、マナーが悪いですよ。

아까부터 욕만 하는데 매너가 나쁘네요.

오 마 에 가 헤 타 다 카 라 다 로
お前が下手だからだろ！

네가 못해서잖아!

게 ─ 무 카 라 타 이 슈 츠 시 마 시 타
【ゲームから退出しました。】

[게임에서 퇴장했습니다.]

쏫과사전 **일본인과 게임하기**

온라인 게임에서 외국인과 만난 적이 있나요? 센세는 예전에 포켓몬 게임을 하다가 한국인과 같은 팀이 되었는데, 「日本人だ(일본인이다)」, 「すごい─さいこー(대단해 최고)」라며 자신이 아는 일본어를 말했어요. 그저 게임에서 만난 한국인이 일본어를 한 것뿐이었지만, 일본 사람으로서 왠지 기쁘고 반가웠던 기억이 있습니다. 예문처럼 매너가 나쁜 사람도 있겠지만, 극히 일부예요. 혹시 게임하다가 일본인을 만난다면, 본인이 알고 있는 일본어를 먼저 말해 보세요.

기억에 남을 확률 75%

일본인 SNS 게시물에 댓글

MP3 듣기

にほんじんの SNSとうこうへの コメント

니혼진노 에스에누에스 토-코-에노 코멘토

단어

- ☐ 01 **멋짐, 멋져**   素敵 ^{すてき} 스테키
- ☐ 02 **좋아요**   いいね 이-네
- ☐ 03 **게시물, 투고**   投稿 ^{とうこう} 토-코-
- ☐ 04 **센스**   センス 센스
- ☐ 05 **전력, 온 힘**   全力 ^{ぜんりょく} 젠료쿠
- ☐ 06 **밀다, (최애를) 응원하다**   推す ^お 오스
- ☐ 07 **변함없이, 여전히**   相変わらず ^{あいか} 아이카와라즈
- ☐ 08 **댓글**   コメント 코멘토

표현

| 보는 게 | 기대돼요. | ▶ | みるのが ^{미루 노가} | たのしみです。 ^{타노시미데스} |

🔁 엄청 · めちゃくちゃ 메챠쿠챠 ┃ 점점 더 · ますます 마스마스

| 온 힘을 다해 | 추천하 | 겠습니다. | ▶ | ぜんりょくで ^{젠료쿠데} | おし ^{오시} | ます。 ^{마스} |

🔁 달리 · はしり 하시리 ┃ (춤)추 · おどり 오도리

예시 댓글

토테모 스테키나 샤싱나노데 이-네 시마시타
とても素敵な写真なのでいいねしました！
정말 멋진 사진이어서 좋아요 눌렀어요!

코레카라모 오-엔 시테 이마스
これからも応援しています♡
앞으로도 응원할게요♡

이츠모 아나타노 토-코-오 미루 노가 타노시미데스
いつもあなたの投稿を見るのが楽しみです。
항상 당신의 게시물 보는 게 기대돼요.

센스 아리스기 와로타
センスありすぎワロタ。
센스 넘쳐서 빵터짐.

멧챠 카와이-
めっちゃかわいい！
엄청 귀여워!

젠료쿠데 오시마스
全力で推します！
온 힘을 다해 추천합니다!

코노 캅푸루 마지데 오세루
このカップルマジで推せる。
이 커플 진짜로 추천할 수 있어.

아이카와라즈 캌코이-
相変わらずかっこいい。
변함없이 멋있어.

가오 칫ㅅㅅㅅㅅㅅ사
顔ちっっっっっっさ！
얼굴 작~~~~~~네!

코멘토 미테 쿠레테 아리가토-
コメント見てくれてありがとう！
댓글 봐 줘서 고마워요!

꿏과사전 번역기의 한계

일본인의 SNS에 일본어로 댓글을 남기고 싶었던 적이 있나요? 일본어를 모른다고 번역기만 복사해서 쓴다면, 앞뒤 문맥과 상관없이 번역을 해서 오해가 생길 수 있습니다. 센세의 SNS에 한국분들이 쓴 댓글에도 「北海道(홋카이도)」가 '북한(北朝鮮)'으로 되어 있거나, 「私は好きです(전 좋아요)」가 'チヂミ好きです(부침개 좋아요)」로 되어 있었습니다. 일본어로 댓글을 쓸 때는 본인이 알고 있는 한자나 히라가나, 가타카나가 있는지 한 번씩 확인해 보세요.

일본인 라이브 방송에 댓글

🎧MP3 듣기

にほんじんの ライブへの コメント
니혼진노 라이부에노 코멘토

단어

☐ 01	**첫 댓글**	^{はつ}初コメ	하츠코메
☐ 02	**응원**	^{おうえん}応援	오-엔
☐ 03	**알다, 알고 있다**	^し知って(い)る	싯테(이)루
☐ 04	**재미있다**	^{おもしろ}面白い	오모시로이
☐ 05	**윙크**	ウインク	우잉쿠
☐ 06	**팬**	ファン	환
☐ 07	**선글라스**	サングラス	상구라스
☐ 08	**이상한 얼굴**	^{へんがお}変顔	헹가오

표현

알고 있으면	재미있는	일본어	▶	싯테타라 **しってたら**	오모시로이 **おもしろい**	니홍고 **にほんご**

🔁 **도움 되는 · やくだつ** 야쿠다츠 | **득이 되는 · とくする** 토쿠스루

라이브는	언제	예요?	▶	라이부와 **ライブは**	이츠 **いつ**	데스까? **ですか。**

🔁 **몇시 · なんじ** 난지 | **무슨 요일 · なんようび** 난요-비

하 츠 코 메 데 스　　오 ー 엔 시 테 이 마 스
初コメです！応援しています！

첫 댓글입니다! 응원하고 있습니다!

화 이 팅
ファイティン！

파이팅!

싯 테 타 라　오 모 시 로 이　니 홍 고 오　오 시 에 테　쿠 다 사 이
知ってたら面白い日本語を教えてください。

알고 있으면 재미있는 일본어 가르쳐 주세요.

우 잉 쿠 시 테
ウィンクして。

윙크해 줘.

콘 시 쿠 데 스　　나 마 에　욘 데　쿠 다 사 이
キョンシクです。名前呼んでください。

경식이에요. 이름 불러 주세요.

환 데 스
ファンです。

팬이에요.

소 노　상 구 라 스　도 코 데　카 이 마 시 타 까 ?
そのサングラスどこで買いましたか。

그 선글라스 어디에서 샀어요?

츠 기 노　라 이 부 와　이 츠 데 스 까 ?
次のライブはいつですか。

다음 라이브는 언제예요?

캉 코 쿠 카 라　미 테　이 마 스
韓国から見ています。

한국에서 보고 있어요.

헹 가 오　시 테　쿠 다 사 이
変顔してください。

이상한 얼굴 해 주세요.

꿀과사전 **라이브 방송 BJ**

일본에는 라이브 방송 플랫폼이 많고, 어플만 수십 개가 존재합니다. 유튜버나 SNS 인플루언서가 아닌, 라이브 방송을 하는 BJ가 되고 싶다는 사람도 많습니다. BJ를 전문적으로 육성하는 소속사도 존재하며 그들은 시청자들과의 대화 방법 연구나, 재미있는 콘텐츠 기획, 캐릭터 설정 등 라이브 방송을 위해 열심히 노력한다고 합니다. 일본 라이브 방송은 댓글이 다 일본어이기 때문에 일본어 공부를 하는 사람이라면 책에서 배우는 것뿐 아니라 실제 현지에서 쓰이는 일본어를 다양하게 공부할 수 있을 것입니다.

팬미팅에서 쓸 수 있는 일본어

ファンミーティングで つかえる にほんご

환미—팅구데 츠카에루 니홍고

🎧 MP3 듣기

단어

- ☐ 01 **사인**   サイン 사인
- ☐ 02 **이마**   おでこ 오데코
- ☐ 03 **평생**   一生 잇쇼—
- ☐ 04 **얼굴**   顔 카오
- ☐ 05 **씻다**   洗う 아라우
- ☐ 06 **유행어**   流行語 류—코—고
- ☐ 07 **물론**   もちろん 모치롱

표현

계속	팬	이었어요.	▶	즛토 ずっと	환 ファン	데시타 でした。

🔄 **좋아했어요.** · すきでした。스키데시타 | **여기 있었어요.** · ここに いました。 코코니 이마시타

평생	씻지	않을게요.	▶	잇쇼— いっしょう	아라이 あらい	마셍 ません。

🔄 **잊지** · わすれ 와스레 | **떠나지** · はなれ 하나레

_{즈 토　환 데 시 타}
ずっとファンでした！

계속 팬이었어요!

_{아 리 가 토 -}
ありがとう。

고마워요.

_{모 시　요 캇 타 라　코 코 니　사 인　시 테　쿠 다 사 이}
もしよかったらここにサインしてください。

혹시 괜찮다면 여기에 사인해 주세요.

_{에 ?　오 데 코 니 ?}
え！？おでこに？！

에!? 이마에?!

_{하 이　잇 쇼 -　카오 아 라 이 마 셍}
はい！一生顔洗いません！！

네! 평생 얼굴 안 씻을 거예요!!

_{모 시　요 캇 타 라　아 노　류 - 코 - 고오　시 테　쿠 레 마 셍 까 ?}
もしよかったらあの流行語をしてくれませんか。

혹시 괜찮다면 그 유행어를 해 주지 않을래요?

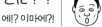
ソッソッソッソッソッソッソッ。

_{샤 싱 모　잇 소 니　토 리 마 쇼 -}
写真も一緒に撮りましょう！

사진도 같이 찍어요!

_{모 치 롱 데 스}
もちろんです。

물론이죠.

쏯과사전 **기억에 남는 팬**

유튜브 채널을 운영하다보니 구독자분들을 직접 만날 때가 있습니다. 이때 일본어를 공부한 한국인이 일본어로 말해주면 센세는 매우 행복합니다. 그중 몇몇 분들이 「俺様はキョンシクだ(이 몸은 경식 님이다)」, 「貴様、生きていたか(네놈, 살아 있었느냐)」등 일본의 애니메이션이나 야쿠자 영화를 보고 배운 일본어를 말하기도 하는데, 그런 분들은 기억에 강하게 남습니다. 여러분도 살짝 이상한(?) 일본어를 기억해 뒀다가 일본인 아티스트나 유튜버를 만났을 때 말해 보세요! 평생 기억에 남는 팬이 될 거예요.

팔로우 한 후에 할 것

🎧MP3 듣기

フォロー したら する こと 휘로- 시타라 스루 코토

단어

☐ 01	**애니메이션**	アニメ(アニメーション)	아니메(아니메-숀)
☐ 02	**맞팔(follow back)**	フォロバ(フォローバック)	휘로바(휘로-박쿠)
☐ 03	**체크**	チェック	첵쿠
☐ 04	**좋아요 (버튼)**	いいね	이-네
☐ 05	**기쁘다**	嬉しい _{うれ}	우레시-
☐ 06	**신청**	申請 _{しんせい}	신세-
☐ 07	**승인**	承認 _{しょうにん}	쇼-닌
☐ 08	**스모 선수**	力士 _{りき し}	리키시

표현

빠뜨리지 않고	체크할게요.	▶	카카사즈 かかさず	첵쿠 시마스 チェックします。

🔄 **청소하고 있어요.** · そうじ しています。 소-지 시테이마스 | **연락할게요.** · れんらく します。 렌라쿠 시마스

(SNS에서) '좋아요' 해	주시면	기뻐요.	▶	이-네 시테 「いいね」 して	쿠레타라 くれたら	우레시- うれしい。

🔄 **말 걸어** · こえ かけて 코에 카케테 | **다가와(친근히 대해)** · なかよく して 나카요쿠 시테

국어·관용어

니혼노 아니메가 스키나 캉코쿠진데스
日本のアニメが好きな韓国人です。

일본 애니메이션을 좋아하는 한국인입니다.

모시 요캇타라 휘로바 오네가이시마스
もしよかったらフォロバお願いします♡

혹시 괜찮다면 맞팔해 주세요♡

휘로바 시마시타 요로시쿠 오네가이시마스
フォロバしました！よろしくお願いします。

맞팔했어요! 잘 부탁드립니다.

카카사즈 인스타 첵쿠 시마스
欠かさずインスタチェックします！

빠뜨리지 않고 인스타 체크할게요!

이 — 네 시테 쿠레타라 우레시 — 데스
「いいね」してくれたら嬉しいです！

'좋아요' 눌러 주시면 기뻐요!

토모다치 신세 — 쇼 — 닝 시테 쿠레테 아리가토 — 고자이마스
友達申請承認してくれてありがとうございます。

친구 신청 승인해 주셔서 감사합니다.

이 — 에 코치라코소 아리가토 — 고자이마스
いいえ、こちらこそありがとうございます。

아니에요. 저야말로 감사합니다.

코노 마에노 에 — 가 멧챠 오모시로캇타데스
この前の映画めっちゃ面白かったです！

얼마 전 영화 엄청 재미있었어요!

에 ? 와타시 리키시데스케도
え？私力士ですけど…。

에? 저 스모 선수인데요….

 쿠키커플 바즈루!

SNS에서 화제가 되는 것을 일본어로 「バズる(바즈루)」라고 합니다. 벌이 윙윙거리는 소리인 'buzz'에서 유래된 표현이며, TV에서도 사용하는 표현인데 「インスタで バズったスイーツ (인스타데 바즛타 스이-츠; 인스타에서 화제가 된 디저트)」 이렇게 사용합니다. 「バズる」의 반대 말은 「炎上する(엔죠-스루)」이며, SNS 댓글에 악플이 넘쳐나는 상태를 말합니다. 「バズる」할수 록 「炎上する」할 가능성도 당연히 커지겠죠?

일상에서 쓸 수 있는 애니메이션 표현

♫MP3 듣기

にちじょうで つかえる アニメ ことば 니치죠―데 츠카에루 아니메 코토바

단어

- [ ] 01 **시험** 試験 시켄
- [ ] 02 **귀찮다** めんどくさい 멘도쿠사이
- [ ] 03 **의욕, 하고 싶은 마음** やる気 야루키
- [ ] 04 **포기하다** 諦める 아키라메루
- [ ] 05 **시합** 試合 시아이
- [ ] 06 **종료** 終了 슈―료―
- [ ] 07 **자기소개** 自己紹介 지코 쇼―카이
- [ ] 08 **장래, 미래** 将来 쇼―라이

표현

| 공부해 | 야해(안 하면 안 돼). | ▶ | 벵쿄―시 べんきょうし | 나캬 なきゃ。 |

🔁 가 · いか 이카 ㅣ 자 · ね 네 ㅣ 말해 · いわ 이와

| 의욕 | 이 | 생기는 (나오는) | 것 | ▶ | 야루키 やるき | 가 が | 데루 でる | 코토 こと |

🔁 힘/말 · げんき/ことば 겡키/코토바 ㅣ 조식/호텔 · ちょうしょく/ホテル 쵸-쇼쿠/호테루

アー シケン ベンキョー メンドクサイ イナ
あぁ、試験勉強めんどくさいな。
아~ 시험공부 귀찮아.

데모 아시타다카라 벵쿄ー 시나캬
でも明日だから勉強しなきゃ。
그래도 내일이니까 공부해야 해.

アー 무리다 나니카 야루키가 데루코토 잇테요
あぁ、無理だ…何かやる気が出ること言ってよ。
아! 무리야… 먼가 의욕이 생기는 것 말해 줘.

아키라메타라 소코데 시아이 슈ー료ー다요
諦めたらそこで試合終了だよ。
포기하면 거기서 시합 종료야. (슬램덩크 명대사)

안자이 센세ー!?
安西先生！？
안 감독님!?

민 나 코노 코와 쿄ー카라 키타 텐코ー세ー다
みんな、この子は今日から来た転校生だ。
얘들아, 이 아이는 오늘부터 온 전학생이야.

지코 쇼ー카이 시테
自己紹介して。
자기소개해.

하지메마시테 쿠리코데스
初めまして。くりこです。
처음 뵙겠습니다. 쿠리코입니다.

쿠 리 코 상 쇼ー라이노 유메와 난다?
くりこさん、将来の夢は何だ？
쿠리코 씨, 미래의 꿈은 뭐야?

카이조쿠오ー니 오레와 나루
海賊王に、俺はなる！
나는 해적왕이 될 거야! (원피스 명대사)

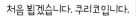

꽉과사전 **만화 속 명언**

일본 만화에서 유행어나 명언이 나오는 경우가 많아서, 일본 사람들은 '슬램덩크 명언집'이나 '포켓몬 명언집' 등 만화 속 명언을 자주 봅니다. 특히 '원피스'는 등장인물마다 명장면과 명대사가 있고, 회사 면접에서 그것을 좌우명으로 발표하는 사람도 있을 정도입니다. 참고로 쿠리코 센세는 원피스에서 닥터 히루루크의 「人はいつ死ぬと思う？人に忘れられたときさ(사람은 언제 죽을 것 같아? 사람에게 잊혀졌을 때야)」라는 말에 정말 감동했습니다. (이 글 쓰면서도 우는 중ㅠㅠ)

외국인이 쓰면 웃긴 말

🎧MP3 듣기

がいこくじんが つかったら ウケる ことば

가이코쿠징가 츠캇타라 우케루 코토바

단어

- ☐ 01 **나 (과거 무사들이 썼던 1인칭)** 拙者 _{셋샤}

- ☐ 02 **그대 (과거에 쓰던 말)** そなた 소나타

- ☐ 03 **아름답다** 美しい 우츠쿠시―

- ☐ 04 **외우다, 배우다** 覚える 오보에루

- ☐ 05 **네놈 (과거에 쓰던 비속어)** 貴様 키사마

- ☐ 06 **때리다** 殴る 나구루

- ☐ 07 **(종조사; 아랫사람에게 명령하는 느낌)** 〜ぞ 〜조

- ☐ 08 **미안하다 (남자들이 쓰는 표현)** すまない 스마나이

표현

| 어디에서 | 외운 | 거야? | ▶ | 도코데 どこで | 오보에타 おぼえた | 노? の？ |

🔄 주운 · ひろった 히롯타 | 산 · かった 캇타

| 애니 | 에서(로) | 공부했어. | ▶ | 아니메 アニメ | 데 で | 벵쿄―시타 べんきょうした。 |

🔄 텔레비전/봤어. · テレビ/みた。 테레비/미타 | **SNS**/알았어. · SNS/しった。 에스에누에스/싯타

_{도 코 카 라 키 탄 데 스 까?}
どこから来たんですか。
어디에서 왔어요?

_{셋 샤 와 캉 코 쿠 카 라 키 타 소 나 타 와 우 츠 쿠 시 -}
拙者は韓国から来た。そなたは美しい。
소인은 한국에서 왔다. 그대는 아름다워.

_{도 코 테 오 보 에 타 노!?}
どこで覚えたの！？
(그런 말은) 어디에서 외우 거야!?

_{아 니 메 데 벵 쿄 - 시 타}
アニメで勉強した。
애니메이션에서 공부했다.

_{하 지 메 마 시 테 쿠 리 코 토 이 - 마 스}
初めまして。くりこと言います。
처음 뵙겠습니다. 쿠리코라고 합니다.

_{키 사 마 쿠 리 코 토 이 우 노 까}
貴様、くりこと言うのか。
네놈, 쿠리코라고 하는군.

_{난 데 우 에 카 라 야 넹 나 구 루 조}
なんで上からやねん、殴るぞ。
왜 윗사람처럼 그러냐, 때릴 거야.

_{스 마 나 이}
すまない…。
미안하오….

쏫과사전 네 이놈

「貴様(키사마)」라는 표현은 원래 '당신'이라는 뜻으로 옛날엔 윗사람에게 사용하는 아주 정중한 말이었습니다. 그러나 시대가 지나면서 윗사람에게 이름과 직급을 붙여 부르게 되었고, 「貴様」는 점점 본인보다 아랫사람에게 쓰이게 되면서, 언젠가부터 '네놈'처럼 적대하는 사람을 욕하는 말로 쓰이게 되었다고 합니다. 현재는 일상생활에서 거의 사용하지 않고 애니메이션이나 사극에서만 쓰는 말이 되었지만, 농담을 좋아하는 일본인 친구에게는 사용해도 괜찮아요.

80 ━━━━━━━━━━━━━━━━ 친화력 80%

태그추가
해도 될까요?

🎧MP3 듣기

タグづけ しても いいですか。 타구즈케 시테모 이－데스까?

단어

- [ ] 01 **업(로드)하다** アップする 압푸스루
- [ ] 02 **풍차** 風車 (ふうしゃ) 후－샤
- [ ] 03 **하늘** 空 (そら) 소라
- [ ] 04 **좋은 느낌** いい感じ (かん) 이－칸지
- [ ] 05 **태그** タグ 타구
- [ ] 06 **태그추가** タグ付け (づ) 타구즈케
- [ ] 07 **해시태그** ハッシュタグ 핫슈타구
- [ ] 08 **도깨비, 요괴** 化け物 (ば)(もの) 바케모노

표현

| 하늘도 | 좋은 느낌 | 이네요. | ▶ | 소라모
そらも | 이－칸지
いいかんじ | 데스네
ですね。 |

🔄 **헤어스타일 · かみがた** 카미가타 ｜ **두 사람 · おふたり** 오후타리

| 해시태그 | 뭐 | 로 하지? | ▶ | 핫슈타구
ハッシュタグ | 나니
なに | 니 시요ー?
にしよう？ |

🔄 **저녁밥 · ゆうはん** 유-항 ｜ **이름 · なまえ** 나마에

<ruby>ハイチーズ<rt>하이치-즈</rt></ruby> ！<ruby>いいですね<rt>이-데스네</rt></ruby> ！

하나, 둘, 셋! 좋네요!

<ruby>この写真<rt>코노 샤싱</rt></ruby><ruby>インスタに<rt>인스타니</rt></ruby><ruby>アップします<rt>압푸시마스</rt></ruby>。

이 사진 인스타에 업로드할게요.

<ruby>後ろの風車<rt>우시로노 후-샤모</rt></ruby>も<ruby>空<rt>소라모</rt></ruby>も<ruby>いい感じですね<rt>이-칸지데스네</rt></ruby>。

뒤의 풍차와 하늘도 좋은 느낌이네요.

<ruby>タグ付け<rt>타구즈케</rt></ruby><ruby>してもいいですか<rt>시테모 이-데스까</rt></ruby>。

태그추가해도 돼요?

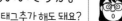

<ruby>もちろんです<rt>모치롱데스</rt></ruby> ！

물론이죠!

<ruby>あ<rt>아</rt></ruby>、<ruby>写真に<rt>샤싱니</rt></ruby><ruby>私も<rt>와타시모</rt></ruby><ruby>タグ付けしてください<rt>타구즈케 시테 쿠다사이</rt></ruby>。

아, 사진에 저도 태그추가 해 주세요.

<ruby>いいですよ<rt>이-데스요</rt></ruby> ！<ruby>ハッシュタグ<rt>핫슈타구</rt></ruby><ruby>何にしよう<rt>나니니 시요-</rt></ruby>？

좋아요! 해시태그 뭐로 하지?

「<ruby>#化け物2人<rt>#바케모노 후타리</rt></ruby>」<ruby>はどうですか<rt>와 도-데스까</rt></ruby>。

'#도깨비두명'은 어떤가요?

<ruby>喧嘩<rt>켕카</rt></ruby><ruby>したいんですか<rt>시타인데스까</rt></ruby>。

싸우고 싶은 거예요?

쑹과사전 **일본의 해시태그**

일본 SNS에서 인기 있는 해시태그로 「〇〇好きな人とつながりたい(〇〇 좋아하는 사람과 연결되고 싶다)」가 있습니다. '〇〇'에 음식이나 취미 등을 넣어서 사용합니다. 그리고 「〇〇活(〇〇활)」도 많이 사용하는데 '〇〇활동'의 줄임말로, 아이돌이나 가수 등 좋아하는 사람을 응원하는 「推し活(최애 추천 활동)」, 오타쿠 활동을 하는 「オタ活(오타쿠 활동)」, 아침에 운동 등을 하며 아침 시간을 보내는 「朝活(아침 활동)」이 대표적입니다. 여러분도 SNS에 일본어로 해시태그를 달아보세요.
#쿠리코센세 #너무예뻐요 #노리경식군 #큰대가리

저자 직강
무료 영상

시바시바
(しばしば)
공부하는
일본어

연애

<ruby>恋愛<rt>れんあい</rt></ruby>

81

연애할 확률 60%

🎧MP3 듣기

찌릿했어요.

ビビッと きました。 비빗토 키마시타

단어

☐ 01 **처음** 　　初めて 하지메테

☐ 02 **순간** 　　瞬間 슝칸

☐ 03 **어떡해** 　　どうしよう 도-시요-

☐ 04 **나 (주로 남자가 쓰는 1인칭)** 　　僕 보쿠

☐ 05 **운명** 　　運命 운메-

☐ 06 **만남** 　　出会い 데아이

☐ 07 **정전기** 　　静電気 세-덴키

표현

꿈	이	아니지?	▶	유메 ゆめ	쟈 じゃ	나이요네? ないよね?

🔁 거짓말 · うそ 우소 ┃ 진심 · ほんき 홍키

만났을 때	에 대해서	▶	앗타 토키 あったとき	니 츠이테 について

🔁 미래 · みらい 미라이 ┃ 사건 · じけん 지켄

아 노　하 지 메 테　앗 타　슌 칸　비 빗 토　키 마 시 타
あの、初めて会った瞬間、ビビッと来ました！

저기, 처음 본 순간 찌릿했어요!

에　？　도 ― 시 요 ―　신 지 라 레 나 이
え！？どうしよう！信じられない！

에!? 어떡해! 믿을 수 없어!

보 쿠 토　츠 키 앗 테　쿠 다 사 이
僕と、付き合ってください！！！

저랑 사귀어 주세요!!!

유 메 쟈　나 이 요 네 ？　하 이
夢じゃないよね？はい！

꿈 아니지!? 네!

쿠 리 코　상 토　하 지 메 테　앗 타　토 키 니　츠 이 테　오 시 에 테　쿠 다 사 이
くりこさんと初めて会った時について教えてください！

쿠리코 씨와 처음 만났을 때에 대해서 알려 주세요!

카 노 죠 노　메 오　미 타　슌 칸　비 빗 토　키 마 시 타
彼女の目を見た瞬間、ビビッと来ました。

그녀의 눈을 본 순간, 찌릿했습니다.

아　운 메 ― 노　데 아 이 데 스 네
あ！運命の出会いですね。

아! 운명적인 만남이군요.

이 ― 에　세 ― 뎅 키 데 시 타
いいえ、静電気でした。

아니요, 정전기였어요.

야 야 코 시 ― 데 스 네
ややこしいですね！

헷갈리네요!

🌸과사전 ▶ 전기 같은 사람?!

「ビビッときた(찌릿하다)」라는 말은 '전기에 맞은 것 같은 충격을 받았다'는 뜻으로 사랑에 빠졌을 때 사용됩니다. 전기가 통할 때의 효과음 「ビビッ」에 '왔다'는 뜻의 일본어 「来た」가 붙은 표현입니다. 같은 표현으로 「一目惚れ(히토메보레; 첫눈에 반함)」가 있습니다. 「彼女と付き合ったきっかけは？(여자 친구와 사귀게 된 계기는?)」이라는 질문에 「一目惚れしました(첫눈에 반했어요)」처럼 사용합니다. 둘 다 한국어에도 있는 표현들이니 외우기 쉽겠죠?

82

연애할 확률 80%

좋아해도 될까요?

 MP3 듣기

すきに なっても いいですか。 스키니 낫테모 이—데스까?

단어

- [ ] 01 **이상(형)** 理想 리소—
- [ ] 02 **타입, 스타일, 취향** タイプ 타이푸
- [ ] 03 **참고로** ちなみに 치나미니
- [ ] 04 **발뒤꿈치** かかと 카카토
- [ ] 05 **일편단심인, 한결같은** 一途な 이치즈나
- [ ] 06 **합격** 合格 고—카쿠
- [ ] 07 **쓰레기** クズ 쿠즈
- [ ] 08 **나타나다** 現れる 아라와레루

표현

| 있던 | 적이 | 없어요. | ▶ | 이타 いた | 코토가 ことが | 아리마셍 ありません。 |

🔄 탔던 · のった 놋타 | 손을 잡았던 · てを つないだ 테오 츠나이다

| 두 번 다시 | 나타나지 | 마. | ▶ | 니도토 にどと | 아라와레 あらわれ | 나이데 ないで。 |

🔄 묻지 · きか 키카 | 만지지 · さわら 사와라

쿠 리 코 상 와 카 레 시 이 마 스 카?
くりこさんは彼氏いますか。

쿠리코 씨는 남자 친구 있나요?

이 마 마 데 카 레 시 가 이 타 코 토 가 아 리 마 셍
今まで彼氏がいたことがありません！

지금까지 남자 친구가 있던 적이 없어요!

쟈 - 스 키 니 낫 테 모 이 - 데 스 카?
じゃぁ、好きになってもいいですか。

그럼, 좋아하게 되어도 될까요?

하 이 와 타 시 데 요 캇 타 라
はい！私でよかったら。

네! 저라도 괜찮다면.

리 소 - 노 타 이 푸 데 스 스 키 니 낫 테 모 이 - 데 스 카?
理想のタイプです。好きになってもいいですか。

이상형이에요. 좋아해도 될까요?

치 나 미 니 와 타 시 노 돈 나 토 코 로 가 스 키 데 스 카?
ちなみに私のどんなところが好きですか。

참고로 저의 어떤 점이 좋아요?

카 카 토 가 키 레 이 나 토 코 로 토 이 치 즈 소 - 나 토 코 로 데 스
かかとがきれいなところと、一途そうなところです。

발뒤꿈치가 깨끗한 점과, 일편단심일 것 같은 점이요.

고 - 카 쿠 카 노 죠 가 쥬 - 닌 이 루 케 도 이 - 데 스 요
合格。彼女が10人いるけどいいですよ。

합격. 여자 친구가 10명 있지만 괜찮아요.

쿠 즈 양 니 도 토 와 타 시 노 마 에 니 아 라 와 레 나 이 데
クズやん。二度と私の前に現れないで！

쓰레기네. 두 번 다시 내 앞에 나타나지 마!

꽃과사전 ▶ **충청도식 고백?!**

일본어를 공부하다 보면 일본가가 직설적이지 않고 돌려서 표현하는 말이 많다고 느낀 적이 있을 거예요. 「好きになってもいいですか(좋아하게 되어도 될까요?)」도 돌려서 표현하는 말로 상대방에 대한 배려와 여유, 겸손 그리고 귀여운 마음마저 느껴지는 말입니다. 하지만 잘못 사용한다면 우유부단하고 결단력이 없어 보이며 심지어 역겹다고 생각하는 사람도 있습니다. 모 아니면 도인 표현이므로, 상대방과의 관계를 정확히 파악한 후에, 책임감을 가지고 사용하세요. 저희한테 클레임 걸면 안 돼요~!

83

연애할 확률 40%

귀여운 목소리
(멋진 목소리)네.

🎧 MP3 듣기

かわボ(イケボ)だね。 카와보 (이케보)다네

단어

- [ ] 01 **귀여운 목소리** かわボ 카와보
- [ ] 02 **싼티 나다** チャラい 챠라이
- [ ] 03 **목소리** 声 코에
- [ ] 04 **기분 좋다** 気持ちいい 키모치 이-
- [ ] 05 **멋진 목소리** イケボ 이케보
- [ ] 06 **부정** 否定 히테-
- [ ] 07 **더** もっと 못토
- [ ] 08 **칭찬하다** 褒める 호메루

표현

| 목소리를 들으 | 면 | 기분 좋아. | ▶ | こえをきく 코에오 키쿠 | と 토 | きもちいい。 키모치 이- |

🔄 **목욕을 하 · おふろに はいる** 오후로니 하이루 | **마사지받으 · マッサージされる** 맛사지사레루

| 더 | 칭찬해 | 주세요. | ▶ | もっと 못토 | ほめて 호메테 | ください。 쿠다사이 |

🔄 **드셔 · めしあがって** 메시아갓테 | **구워 · やいて** 야이테

콤 방 와
こんばんは。

안녕하세요.

콤 방 와　카 와 보 데 스 네
こんばんは。かわボですね。

안녕하세요. 귀여운 목소리네요.

우 와　챠 라 이
うわ、チャラい…。

우와, 싼티 나….

아 나 타 노　코 에 오　키 쿠 토　미 미 가　키 모 치 이 ― 데 스
あなたの声を聴くと耳が気持ちいいです。

당신의 목소리를 들으면 귀가 기분 좋아요.

와 타 시 와　미 미 가　쿠 사 리 소 ― 데 스
私は耳が腐りそうです。

저는 귀가 썩을 것 같아요.

콘 시 쿠 토　이 ― 마 스
キョンシクと言います。

경식이라고 합니다.

이 케 보 데 스 네
ｲケボですね。

멋진 목소리네요.

아 리 가 토 ― 고 자 이 마 스
ありがとうございます！

감사합니다!

히 테 ― 시 로 요
否定しろよ…。

부정해라 좀….

못 토　호 메 테　쿠 다 사 이
もっと褒めてください。

더 칭찬해 주세요!

🖐과사전　목소리 페티시

만화 문화가 발달한 일본은 성우 문화 또한 굉장히 발달해 있기 때문에, 좋아하는 이상형의 조건을 목소리라고 하는 일본 사람도 많습니다. 「イケメンボイス」의 줄임말인 「イケボ(남자의 좋은 목소리)」는 아이돌같이 상큼한 매력을 느낄 수 있는 「高音(고음)イケボ」와 중저음이 섹시한 「低音(저음)イケボ」가 있습니다. 「かわいいボイス」의 줄임말인 「かわボ(여자의 좋은 목소리)」에는 만화 속에서 나올 것 같은 「萌え声(애니 목소리)」, 혀 짧은 애교가 섞인 「ロリ声(귀여운 소녀 목소리)」, 만화 방가방가 햄토리와 같은 「ハム声(앙증맞은 목소리)」가 있습니다.

84

연애할 확률 50%

프로필 사진이
귀엽(멋지)네요.

アイコン かわいい(イケメン)ですね。 아이콘 카와이-(이케멘)데스네

MP3 듣기

단어

☐ 01 **본인** 本人 (ほんにん) 혼닌

☐ 02 **왜, 어째서** どうして 도-시테

☐ 03 **가공, (사진) 뽀샵** 加工 (か こう) 카코-

☐ 04 **실물** 実物 (じつぶつ) 지츠부츠

☐ 05 **절대, 꼭, 진짜** 絶対 (ぜったい) 젯타이

☐ 06 **소개** 紹介 (しょうかい) 쇼-카이

☐ 07 **유감** 残念 (ざんねん) 잔넨

☐ 08 **이혼** 離婚 (りこん) 리콩

표현

| 혹시 | 본인 | 이에요? | ▶ | 모시카시테 もしかして | 혼닌 ほんにん | 데스까? ですか。 |

🔁 **유명인** · ゆうめいじん 유-메-진 | **외동** · ひとりっこ 히토릭코

| 이혼 | 하면 | 알려 줘. | ▶ | 리콩 りこん | 시타라 したら | 오시에테 おしえて。 |

🔁 **취직** · しゅうしょく 슈-쇼쿠 | **졸업** · そつぎょう 소츠교-

모 시 카 시 테　아 이 콩　혼 닌 데 스 까？
もしかしてアイコン本人ですか。

혹시 프로필 사진 본인이에요?

하 이　와 타 시 데 스 케 도　도 - 시 테？
はい。私ですけど、どうして？

네, 저인데요, 왜요?

멧 챠　카 와 이 - 데 스 네
めっちゃかわいいですね！

정말 귀엽네요!

소 레　멧 챠　카 코 -　시 테 마 스 요
それめっちゃ加工してますよ。

그거 엄청 뽀샵(포토샵 보정)된 거예요.

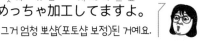

데 모　지 츠 부 츠 모　젯 타 이　카 와 이 - 요
でも実物も絶対かわいいよ。

근데 실물도 진짜 귀여워요.

손 나　코 토　나 이 데 스 요
そんなことないですよ。

그렇지않아요.

아 이 콩　이 케 멘 데 스 네
アイコンイケメンですね！

프로필 사진 미남이시네요!

데 쇼 -　？ 와 타 시 노　토 모 다 치 데 스
でしょう？私の友達です。

그렇죠? 제 친구예요.

칵 코 이 - 데 스 네　쇼 - 카 이　시 테　쿠 다 사 이
かっこいいですね、紹介してください。

멋있네요. 소개해 주세요.

코 노 마 에　켁 콩　시 마 시 타
この前結婚しました。

얼마 전에 결혼했어요.

잔 넨 데 스　리 콩　시 타 라　오 시 에 테　쿠 다 사 이
残念です。離婚したら教えてください。

유감이네요. 이혼하면 알려 주세요.

 SNS 프로필 사진

일본은 다른 나라에 비해 SNS '프로필 사진(アイコン)'을 자신의 얼굴로 하는 사람이 적은 것으로 유명합니다. 그 이유로는 '난 연예인이 아니니까', '내 얼굴을 드러내고 싶지 않아서' 등이 있고, '내 외모에 대해 남들이 뭐라고 할 것 같아서 싫다'는 사람도 많다고 합니다. 일본인들이 남의 눈을 많이 신경 쓴다는 건 유명한 이야기죠? 아마 SNS 프로필 사진을 설정할 때도 자기만족보단 남의 눈을 신경 쓰는 특징이 녹아 있는 것 같습니다.

85

연애할 확률 60%

남친(여친)
있어요?

∩ MP3 듣기

かれし(かのじょ) いますか。 카레시(카노죠) 이마스까?

단어

☐ 01 **혹시** もしかして 모시카시테

☐ 02 **슈퍼(마켓)** スーパー 스-파-

☐ 03 **손** 手 테

☐ 04 **(손을) 잡다, (실을) 잇다** つなぐ 츠나구

☐ 05 **엄마** 母 하하

☐ 06 **최근(에), 요즘(에)** 最近 사이킹

☐ 07 **봉사 활동** ボランティア 보란티아

☐ 08 **쓰레기 줍기** ゴミ拾い 고미히로이

표현

| 생긴 | 지 얼마 안 됐 | 어요. | ▶ | でき 데키 | たばかり 타바카리 | です。데스 |

🔁 **사귄** · つきあっ 츠키앗 | **일어난** · おき 오키

| 쓰레기 줍기 | 하고 있을 | 때 | ▶ | ゴミひろい 고미히로이 | してる 시테루 | とき 토키 |

🔁 **양치질** · はみがき 하미가키 | **촬영** · さつえい 사츠에-

センセー　モシカシテ　カレシ　イマスカ？
先生、もしかして彼氏いますか。

선생님, 혹시 남자 친구 있어요?

난 데 데스 카？
なんでですか。

왜요?

キノー　スーパーデ　ダンセート　テオ　ツナイデ　イル　トコロオ　ミマシタ
昨日スーパーで男性と手をつないでいるところを見ました。

어제 슈퍼에서 남자와 손 잡고 있는 걸 봤어요.

소 레 와　와타시노　ハハデス
それは私の母です。

그건 우리 엄마예요.

스 미 마 셍　쥬교－　시마쇼－
すみません、授業しましょう。

죄송해요, 수업합시다.

이마　카노죠　이마스까？
今彼女いますか。

지금 여자 친구 있어요?

사 이 킨　데 키 타　바카리데스
最近できたばかりです。

최근에 생긴 지 얼마 안 됐어요.

에？도 코 데　앗 탄 데 스 까？
え？どこで会ったんですか。

에? 어디에서 만났어요?

보 란 티 아 데　고 미 히 로 이　시 테 루　토 키　아 이 마 시 타
ボランティアでゴミ拾いしてる時会いました。

봉사 활동으로 쓰레기 줍기 할때 만났어요.

꽃과 사전　자연스러운 플러팅

애인이 있는지 묻고 싶지만 부끄럽다고요? 이럴 때 일본인들이 자주 사용하는 기술이 있습니다. 「○○さんってやさしいね。彼氏さんがうらやましい(○○ 씨는 상냥하네요. 남자 친구가 부럽다)」, 「○○君ってセンスいいね。彼女も素敵なんだろうな(○○ 군은 센스 좋네요. 여자 친구도 멋지겠네)」라고 그 사람에게 당연히 애인이 있을 거라는 듯이 돌려서 물어보는 방법입니다. 호감을 가지고 있다는 것을 상대방이 눈치채기 어렵기 때문에 부담스럽지 않아 추천하는 질문법입니다.

86

좋아하는 스타일은?

🎧MP3 듣기

すきな タイプは？ 스키나 타이푸와?

단어

☐ 01 **부자**　　　　　　お金持ち 오카네모치

☐ 02 **키**　　　　　　　背 세

☐ 03 **고학력**　　　　　高学歴 코―가쿠레키

☐ 04 **착하다**　　　　　優しい 야사시―

☐ 05 **근육**　　　　　　筋肉 킨니쿠

☐ 06 **정직(함), 솔직(함)**　正直 쇼―지키

☐ 07 **~만, ~만큼**　　　だけ 다케

☐ 08 **싫음, 싫어**　　　嫌 이야

표현

| 어떤 | 사람이 | 스타일이야? | ▶ | 돈나
どんな | 히토가
ひとが | 타이푸?
タイプ？ |

🔄 **좋아?** · すき？ 스키? | **이상형이야?** · りそう？ 리소―?

| 너 | 같은 | 사람 | 이려나. | ▶ | 키미
きみ | 미타이나
みたいな | 히토
ひと | 카나
かな。 |

🔄 **고양이/남자 친구** · ねこ/かれし 네코/카레시 | **카레/똥** · カレー/うんこ 카레―/웅코

くりこ先生、好きなタイプは？
쿠리코 선생님, 좋아하는 스타일은요?

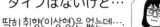

タイプはないけど…
딱히 취향(이상형)은 없는데….

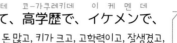

お金持ちで、背が高くて、高学歴で、イケメンで、
돈 많고, 키가 크고, 고학력이고, 잘생겼고,

うんうん。
응응.

優しくて、筋肉があって、大きな車がある人かな。
착하고 근육이 있고 큰 차가 있는 사람이려나.

正直ですね。
솔직하시네요.

キョンシクさんはどんな人がタイプですか。
경식 씨는 어떤 사람이 취향이에요?

君みたいな人かな。
너 같은 사람이려나.

私はあなたみたいな人だけは嫌♡
나는 당신 같은 사람만은 싫어♡

쏯과사전 **일본인의 이상형**

일본에서 '좋아하는 이상형'을 설문 조사했을 때, 부동의 1위는 「優しい人(착한 사람)」입니다. 또한 항상 상위권에 들어가는 이상형은 「場の空気が読める人(분위기를 읽을 수 있는 사람)」입니다. 사람들의 눈치를 볼 수 있는지, 술자리 등에서 배려 있는 행동을 할 수 있는지를 중요하게 생각하는데, 아마 타인의 눈을 신경 쓰는 일본인이 많아서 그런 것 같습니다. 여러분도 일본어를 공부할 때 예의 바르고 친절한 표현만 공부해 사용하시길 바랍니다. (이 책에선 배울 수 없겠지만….)

호감 가는 리액션 '사시스세소'

🎧MP3 듣기

すかれる あいづち「さしすせそ」 스카레루 아이즈치 '사시스세소'

단어

□ 01 **사랑받다**   好かれる 스카레루

□ 02 **헬스장(gym)**   ジム 지무

□ 03 **달리다**   走る 하시루

□ 04 **~것만으로(도)**   ～だけでも ~다케데모

□ 05 **건강**   健康 켕코-

□ 06 **~래, ~라는군**   ～だって ~닷테

□ 07 **옷**   服 후쿠

□ 08 **쇼핑, 장보기**   買い物 카이모노

표현   사시스세소(さしすせそ) 리액션

□ 01 **역시**   さすが 사스가

□ 02 **몰랐어**   しらなかった 시라나캇타

□ 03 **대단해**   すごい 스고이

□ 04 **센스 좋네**   せんすいいね 센스 이-네

□ 05 **그렇구나**   そうなんだ 소-난다

키 노 - 지 무 잇 테 키 타
昨日ジム行ってきた。

어제 헬스장에 갔다 왔어.

'소' - 난 다
「そ」うなんだ！

그렇구나!

죽 키 로 하 싯 탄 다 케 도
10キロ走ったんだけど、

10킬로미터 달렸는데,

'스' 고 이
「す」ごい！

대단해!

히 톳 떼 이 치 니 치 니 즛 푼 아 루 쿠 다 케 데 모 켕 코 - 니 이 인 닷 테
人って1日20分歩くだけでも健康にいいんだって。

사람은 하루에 20분 걷는 것만으로도 건강에 좋대.

'시' 라 나 캇 타
「し」らなかった！

몰랐어!

코 노 후 쿠 캇 탄 나
この服買ったんだ。

이 옷 샀어.

'세' 엔 스 이 - 네
「セ」ンスいいね！

센스 좋네!

코 노 티 - 샤 츠 록 셍 엔 가 욘 센 고 햐 쿠 엔 닷 탄 다
このTシャツ6,000円が4,500円だったんだ。

이 티셔츠 6,000엔이(짜리가) 4,500엔이었어.

'사' 스 가 카 이 모 노 죠 - 즈
「さ」すが！買い物上手。

역시! 쇼핑 잘하네.

🌝과사전 **맞장구**

일본에서는 「相槌を制する者が日本語を制する(맞장구를 지배하는 자가 일본어를 지배한다)」라고 할 정도로 맞장구가 중요합니다. 일본어로 대화할 때 「うんうん(응응)」, 「そうですね(그렇네요)」만으로 맞장구를 치는 사람은, 위의 '사시스세소 맞장구'를 사용해 보세요. 상대방이 기분 좋게 말할 수 있게 만들어 주는 맞장구로 「モテる相槌のさしすせそ(인기 많아지는 맞장구 사시스세소)」라고 합니다. 살짝 오버하듯이 맞장구치는 것이 꿀팁이에요~! (笑笑)

연애할 확률 95%

🎧MP3 듣기

보고 싶어졌어.

あいたく なった。 아이타쿠 낫타

단어

☐ 01 **이런** こんな 콘나

☐ 02 **한밤중** 夜中 요나카

☐ 03 **별** 星 호시

☐ 04 **만날(볼) 수 있다** 会える 아에루

☐ 05 **잔업, 야근** 残業 장교—

☐ 06 **힘듦, 큰일이야** 大変 타이헨

☐ 07 **수고했어(요)** お疲れ様(でした) 오츠카레사마(데시타)

☐ 08 **잘 자요** お休みなさい 오야스미 나사이

표현

별을	보고 있	(었)더니	▶	호시오 ほしを	미테(이) みて(い)	타라 たら

🔁 병원에 갔 · びょういんに いっ 뵤-잉니 잇 | 만두를 먹 · ぎょうざを たべ 교-자오 타베

보고 (만나고)	싶어	졌어.	▶	아이 あい	타쿠 たく	낫타 なった。

🔁 연애하고 · れんあいし 렝아이시 | 먹고 · たべ 타베

210 • 시바시바 공부하는 일본어

콘 나　요 나 카 니　도 ― 시 타 노 ?
こんな夜中にどうしたの？
이런 한밤중에 무슨 일이야?

호 시 오　미 테 타 라　아 나 타 니　아 이 타 쿠　낫 타
星を見てたら あなたに 会いたくなった。
별을 보고 있었더니 당신이 보고 싶어졌어.

오 레 모　아 이 타 이
俺も会いたい…。
나도 보고 싶어….

나 카 나 이 데　마 타 스 구　아 에 루 요
泣かないで！またすぐ会えるよ。
울지 마! 곧 다시 만날 수 있어.

이 마　오 왓 타 노 ?
今終わったの？
지금 끝난 거야?

쿄 ― 모　시 고 토 데　장 교 ― 닷 타 요
今日も仕事で、残業だったよ。
오늘도 일 때문에 야근이었어.

혼 토 ― 니 ?　타 이 헨 닷 타 네　오 츠 카 레 사 마
本当に？大変だったね。お疲れ様。
정말로? 힘들었겠다. 수고했어.

마 타　잇 쇼 니　디 즈 니 ― 란 도　이 키 타 이 나
また一緒にディズニーランド行きたいな。
또 같이 디즈니랜드 가고 싶다.

에 ?　와 타 시 토　잇 타　코 토　나 이 케 도
え？私と行ったことないけど。
에? 나랑 간 적 없는데.

오 야 스 미 나 사 이
お休みなさい。
잘 자요.

쏫과사전　장거리 연애

저희는 6년 연애를 했는데, 처음 1년 반은 한국과 일본 장거리 연애를 했습니다. 장거리 연애를 잘 할 수 있었던 비결은 혼자만의 시간을 잘 즐기는 것입니다. 멀리 떨어져 있다고 걱정만 하고 있으면 내 소중한 인생이 아깝다고 생각돼서, 친구와 술을 마시거나 여행을 가거나, 다음에 만날 때를 위해 다이어트 등을 하며 알차게 보냈습니다. 혹시 장거리 연애를 하는 사람이 있다면 그 사람이 보고 싶을 때마다 이 책을 10번씩 보세요! 곧 결혼식 하는 날이 될 겁니다.

너를
생각하고 있었어.

きみの こと かんがえてた。 키미노 코토 캉가에테타

🎧 MP3 듣기

단어

- ☐ 01 **계속**   ずっと 즛토
- ☐ 02 **주인공**   主人公 슈진코ー _{しゅじんこう}
- ☐ 03 **최종, 마지막**   最後 사이고 _{さい ご}
- ☐ 04 **제대로, 확실히**   ちゃんと 챤토
- ☐ 05 **여보세요**   もしもし 모시모시
- ☐ 06 **녹다**   溶ける 토케루 _と
- ☐ 07 **슬슬**   そろそろ 소로소로
- ☐ 08 **기분 나쁘다**   キモイ 키모이

표현

| 보 | 면서 | 생각하고 있었다. | ▶ | 미
み | 나가라
ながら | 캉가에테(이)타
かんがえて(い)た。 |

🔄 **운전하 · うんてんし** 운텐시 ┃ **일하 · しごとし** 시고토시

| 말하려 | 고 | 했다. | ▶ | 이오ー
いおう | 토
と | 시타
した。 |

🔄 **가려 · いこう** 이코ー ┃ **싸우려 · けんかしよう** 켕카시요ー

쿄 － 나니 시테타?
今日何してた？

오늘 뭐하고 있었어?

히토리데 에 － 가 미나가라 즛토 키미노 코토 캉가에테타
一人で映画見ながらずっと君のこと考えてた。

혼자서 영화 보면서 계속 너를 생각하고 있었어.

난 데? 슈진코 － 가 와타시니 니테타?
なんで？主人公が私に似てた？

왜? 주인공이 나랑 비슷했어?

슈진코 － 와 스고쿠 키레 － 다케도 난 데 키미와
主人公はすごくきれいだけど何で君は…

주인공은 되게 예쁜데 왜 너는…

하 － ? 도 － 이우 이미?
はぁ？どういう意味？

뭐? 무슨 뜻이야?

카와이 － 잇테 이오 － 토 시탄다요
かわいいって言おうとしたんだよ。

귀엽냐고 말하려고 했어.

사이고마데 챤토 키 － 테
最後までちゃんと聞いて。

마지막까지 제대로 들어 줘.

모시모시? 키 － 테루? 모시모 － 시
もしもし？聞いてる？もしもーし。

여보세요? 듣고 있어? 여보세요.

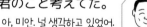

아 고 멘 키미노 코토 캉가에테타
あ、ごめん。君のこと考えてた。

아, 미안. 널 생각하고 있었어.

모 － 야메테
もう♡やめて♡

아이 정말♡ 그만해♡

코에가 카와이쿠테 미미가 토케소 －
声がかわいくて、耳が溶けそう♡

목소리가 귀여워서, 귀가 녹을 것 같아♡

소 로 소 로 키모이
そろそろキモイ。

슬슬 징그럽네.

꽃과사전 | **사랑의 콩깍지**

남녀가 다정하게 있는 것을 일본어로 「イチャイチャする(꽁냥꽁냥 거리다, 알콩달콩하다)」라
고 표현합니다. 원래는 스킨십을 하고 있는 모습을 가리키는 표현이지만, 전화로 달콤한 말을 주고
받는 것도 이렇게 표현합니다. 비슷한 의미로 「べたべたする(끈적끈적하다)」라는 표현도 있습니
다. 두 표현 모두 단지 사이가 좋을 뿐만 아니라, 사람들이 쳐다볼 정도로 지나치게 서로 사랑한
다는 뉘앙스입니다. 저희도 처음엔 이랬어요. 처.음.엔.

어떤 너라도 좋아.

🎧 MP3 듣기

どんな きみも すきだよ。 돈나 키미모 스키다요

단어

- □ 01 **회사** 会社 ^{かいしゃ} 카이샤
- □ 02 **혼나다** 怒られる ^{おこ} 오코라레루
- □ 03 **아군, 자기편** 味方 ^{み かた} 미카타
- □ 04 **영상 통화** ビデオ通話 ^{つう わ} 비데오 츠-와
- □ 05 **쌩얼, 민낯** すっぴん 슷핀
- □ 06 **카메라** カメラ 카메라
- □ 07 **켜다** つける 츠케루

표현

| 어떤 | 너라도 | 좋아. | ▶ | どんな 돈나 | きみも 키미모 | すきだ。 스키다 |

🔄 **음악이라도** · おんがくでも 옹가쿠데모 | **스포츠라도** · スポーツでも 스포-츠데모

| 영상 통화 | 하자. | ▶ | ビデオつうわ 비데오 츠-와 | しよう。 시요- |

🔄 **가위바위보** · じゃんけん 장켄 | **무궁화꽃이피었습니다** · だるまさんがころんだ 다루마상가 코론다

연애 이해

^{아 - 쿄 - 모 카 이 샤 데 오 코 라 레 챳 타}
あぁ、今日も会社で怒られちゃった…。

아ー 오늘도 회사에서 혼나버렸어….

^{다이죠-부 오레와 키미노 미카타다요}
大丈夫。俺は君の味方だよ。

관찮아 나는 네 편이야.

^{아 리 가 토 -}
ありがとう。

고마워.

^{돈 나 키 미 모 스 키 다 요}
どんな君も好きだよ。

어떤 너라도 좋아.

^{로 만 친 쿠}
ロマンチック…♡

로맨틱해…♡

^{비 데 오 츠 - 와 시 요 -}
ビデオ通話しよう。

영상 통화 하자.

^{도 - 시 요 - 슷 핀 다 카 라}
どうしよう。すっぴんだから。

어쩌지? 쌩얼이라서.

^{이 - 요 돈 나 키 미 모 스 키 다 요}
いいよ。どんな君も好きだよ。

관찮아. 어떤 너라도 좋아.

^{혼 토 - ? 쟈 - 카 메 라 츠 케 루 네 ?}
本当？じゃあカメラつけるね？

정말? 그럼 카메라 켤게?

^{오 에 - - - - -}
おえぇぇぇぇ。

우웨에에에엑.

^{후 자 켄 나}
ふざけんな！

까불지 마!

🌸과사전 **쌩얼**

 「すっぴん(쌩얼)」은 원래 '화장을 하지 않아도 아름다운 사람'이라는 뜻이었지만, 현재는 '화장 하지 않은 얼굴'을 가리키는 말로 쓰이고 있습니다. 남자 친구가 생기면 「すっぴん(쌩얼)」을 보 여주는 것이 싫다는 사람도 많아서, 24시간 지우지 않아도 피부가 거칠어지지 않는 파운데이션 과 립 제품이 인기가 많고, 종류도 다양합니다. 이 책을 읽는 여성분들은 일본에 여행 가면 꼭 사 용해 보세요!

落書き・メモ